Dr. Raimund Schriek

Besser mit Behavioral Finance

TITEL DER SIMPLIFIED-BUCHREIHE

www.simplified.de

Dr. Raimund Schriek

BESSER MIT BEHAVIORAL FINANCE

Finanzpsychologie in Theorie und Praxis

FinanzBuch Verlag

simplified

Lektorat: Leonie Zimmermann
Satz & Layout: Druckerei Joh. Walch
Korrektorat: Günter Persch, print security
Druck: Konrad Triltsch, Ochsenfurt

2. Auflage 2010
© 2009 FinanzBuch Verlag GmbH
Nymphenburger Straße 86
80636 München
Tel. 089 651285-0
Fax 089 652096
info@finanzbuchverlag.de

Den Autor erreichen Sie unter:
schriek@finanzbuchverlag.de

Bibliografische Information der Deutschen
Bibliothek: Die Deutsche Bibliothek
verzeichnet diese Publikation in der
Deutschen Nationalbibliografie;
detaillierte bibliografische Daten sind im
Internet über **http://dnb.ddb.de** abrufbar.

ISBN: 978-3-89879-393-3

www.finanzbuchverlag.de
Gerne übersenden wir Ihnen unser Verlagsprogramm!

Für die Menschen,
die sich für Entwicklung entschieden haben

Für die Menschen,
die mich angeregt, begleitet und unterstützt haben

Für Tina Marie,
die mit mir ganzheitlich lebt, lernt und liebt

Danksagung

Ich bedanke mich herzlich bei den Mitarbeitern des FinanzBuch Verlags, die mich bei unserem gemeinsamen Buchprojekt zu jeder Zeit unterstützt haben. Dabei habe ich mich besonders über die Offenheit und die lösungsorientierte Kommunikation gefreut. Herrn Kent Gaertner danke ich, dass er mir ermöglicht hat, meine Gedanken in einem Buch zu konzentrieren.

Im Kapitel Gehirntraining beschreibe ich eine Mindmachine, die mir dankenswerterweise Frau Ursula Sauer, Geschäftsführerin der Firma brainLight, für einen dreimonatigen Test kostenfrei zur Verfügung gestellt hat. Herr Markus Klose, Geschäftsführer der Neurotronics GmbH, hat mich mit vielen Hintergrundinformationen zum weltweiten Mindmachine-Markt versorgt, vielen Dank dafür.

Herrn Claus David Grube und Herrn Ralf Pickert danke ich für die vielen Anregungen zum Inhalt und Aufbau des Buches, Herrn Frank Marian für seine selbstlose, kompetente und freundliche Unterstützung.

Herrn Dr. Jan Brix danke ich für einen unvergleichlichen Lieferservice wissenschaftlicher Literatur.

Frau Tina Knicky danke ich für die zahlreichen Diskussionen und anschaulichen Erklärungen zu den Vorgängen im menschlichen Körper. Darüber hinaus danke ich ihr und Frau Rita Antonie Schriek für die vielen Verständnisfragen und Anregungen zum Text, zu den Abbildungen und Tabellen.

Euch allen danke ich für eure Geduld, eure schnellen Reaktionszeiten und eure Beiträge, die zur Fertigstellung dieses Buches und meiner persönlichen Entwicklung beigetragen haben.

Inhalt

simplified

DIE SIMPLIFIED-BUCHREIHE
WWW.SIMPLIFIED.DE

EINE ZUSAMMENARBEIT VON FINANZBUCH VERLAG UND INVESTOR VERLAG

Einleitung

Wieso verlieren die meisten Anleger? Warum verkauft die Mehrzahl der Marktteilnehmer Gewinneraktien, wohingegen sie an Verliereraktien festhalten? Wieso haben viele Trader Schwierigkeiten beim Umgang mit Verlusten? Welche Rolle spielen Gier und Angst an der Börse? Warum steigen Aktien weiter, die fundamental überbewertet sind? Antworten auf diese und weitere Fragen liefert die Verhaltensorientierte Finanzwissenschaft (engl. = Behavioral Finance), die im Gegensatz zu Fundamentalanalyse und Technischer Analyse das Verhalten des »menschlichen« *Homo oeconomicus* in den Mittelpunkt stellt.

Wahrnehmung und Informationsverarbeitung bestimmen Ihr Entscheidungsverhalten. Wie hören, wie sehen Sie? Wie gehen Sie mit Informationen um? Fehlende Informationen, aber auch gezielt verbreitete Fehlinformationen haben Einfluss auf Ihre Entscheidungen. Die Bewegungen der Märkte spiegeln den Umgang privater und institutioneller Marktteilnehmer mit Finanzinformationen wider. Dabei spielen vor allem systematische Fehler eine Rolle, die Tradern und Anlegern in Entscheidungssituationen bei Unsicherheit unterlaufen. Wer oder was verhindert Ihren Börsenerfolg? Letztlich sind Sie es, denn die Gründe liegen in der menschlichen Sehnsucht nach Harmonie, Sicherheit und Kontrolle. Verhaltensorientierte Finanzwissenschaft zeigt Ihnen, wie Sie diese Sehnsüchte hinter sich lassen. Behavioral Finance ist allerdings weit mehr als der Einzug der Psychologie in die Finanzwissenschaft, denn auch andere Disziplinen wie die Kognitions- oder Neurowissenschaft werden einbezogen. Diese sich ergänzenden Disziplinen tragen dazu bei, dass Sie Ihr Verhalten verstehen, Ihre Persönlichkeitsentwicklung vorantreiben und damit die Grundlagen für langfristige Börsenerfolge schaffen.

Wissenschaftler wie Leon Festinger (Theorie der kognitiven Dissonanz), Daniel Kahneman und Amos N. Tversky (Prospect-Theorie) oder auch Richard Thaler haben die Geschichte der Behavioral Finance mitgeschrieben (Kap. 1). Entscheidungsverhalten wird z. B. durch selektive Wahrnehmung, selektives Entscheiden und Heuristiken erleichtert. Die Frage ist allerdings, ob diese »Vereinfachungen« auch zur Steigerung Ihres Börsenerfolgs beitragen. Die Erkenntnisse der Prospect-Theorie werden Sie zum Nachdenken anregen: »Bewertungen sind relativ, da sie Bezugspunkt-abhängig sind.« Woher kommt es also, dass Menschen bewerten und Bezugspunkte festlegen? Die Beantwortung dieser Frage und die Erläuterung weiterer Begriffe werden Sie für die Behavioral-Finance-Fallen sensibilisieren (Kap. 2).

Welchen Einfluss haben Ihre Überzeugungen und Emotionen auf Ihre Entscheidungen an der Börse? Spielt Suchtverhalten vielleicht eine größere Rolle, als Sie annehmen? Ihr Verhalten kann auf Ihre rationalen und emotionalen Muster zurückgeführt werden. Herdenverhalten ist menschlich und erfüllt Ihr Bedürfnis nach Schutz und Zugehörigkeit. Dennoch sollten Sie sich nicht zu sicher fühlen, da die Börse durch stärkere Felder gelenkt wird (Kap. 3). Politische Entscheidungen z. B. können zu unerwarteten Marktbewegungen führen, die kurze Reaktionszeiten und angemessene Bewältigungsstrategien erfordern. Die meisten Marktteilnehmer sind dazu nicht in der Lage, weil sie Schwierigkeiten haben, die Realität zu akzeptieren. Das Empfinden von Stress ersetzt zunächst die lösungsorientierte Reaktion. Marktteilnehmer müssen sich zwangsläufig mit Finanz-Faktoren (z. B. Konkurrenz, Wirtschaftsnachrichten, hohe Volatilität) und anderen Einflüssen auseinandersetzen, die Spuren in Körper, Geist und Seele hinterlassen. Der Geist wird besonders beim Verarbeiten von Finanzinformationen gefordert, die Seele beim Umgang mit Verlusten (Kap. 4).

»Bauch- oder Kopfmensch?«, das ist die Frage. Trainieren Sie Ihr Gehirn, denn es verlangt nach »Futter« (Kap. 8). Letztlich tragen Bauch und Kopf zu Ihrem Börsenerfolg bei. Der Kopfmensch weiß, dass eine auf die Persönlichkeit abgestimmte Strategie erforderlich ist (»Trading mit Strategie«, Kap. 5). Der Bauchmensch spürt »Die Mischung macht's«, entdeckt die gewinnbringenden Unregelmäßigkeiten in den Märkten (z. B. saisonale Effekte, Kleinfirmen-Effekt) oder reitet die kraftvollen Wellen (»Trading mit Perspektive«, Kap. 6). Bauch- und Kopfmenschen interessieren sich für »Trading mit Sentiment«, denn Meinungen bewegen die Märkte (Kap. 7).

Kapitel 10 enthält Verzeichnisse für Abkürzungen, Literatur und Stichworte. Die deutsche Sprache wird zunehmend durch englischsprachige Worte ergänzt. Daher werden »Trader« und »Trading« durchgehend verwendet. Die englischsprachigen Begriffe der Behavioral Finance finden Sie im Kapitel 10.3 den deutschen gegenübergestellt (übrigens auch umgekehrt).

Symbole werden für TIPPs ($\overset{\text{\footnotesize 3}}{\leftthumbsup}$) und Recherche ($\diagdown$) verwendet. Kurze Zusammenfassungen wissenschaftlicher Studien werden durch den belesenen Trader ($\circledcirc$), die emotionalen Zustände des Traders (eZT) durch vier weitere Smileys angezeigt: erfolgreicher Trader ($\smile$), nachdenklicher Trader ($\odot$), gleichgültiger Trader ($\odot$) und geschockter Trader ($\odot$). Dabei bedeutet »geschockter Trader« nicht zwingend einen Schockzustand.

Erfolgreiche Trader wissen, dass das Gehirn die Performance bestimmt (Kap. 9). Börsenerfolg stellt sich erst dann ein, wenn Sie Ihre Erwartungen, Meinungen und Glaubenssätze anpassen und emotionale Muster auflösen. Beginnen Sie, sich ganzheitlich zu entwickeln, und übernehmen Sie Verantwortung für Ihre Entscheidungen. **Trading ist erlernbar**. Wachsen Sie an den großen Herausforderungen: Selbstüberschätzung, Informationsverarbeitung, Dispositionseffekt und Umgang mit Verlusten.

Börsenerfolg ist der Spiegel Ihrer Persönlichkeitsentwicklung.

1 Fundamentalanalyse, Technische Analyse und Behavioral Economics

Die **Fundamentalanalyse** legt bei der Bewertung von Devisen, Rohstoffen oder Aktiengesellschaften volkswirtschaftliche Einflussfaktoren zugrunde. Zur Einschätzung eines Unternehmens werden z. B. folgende Dinge berücksichtigt: Die **Industrieanalyse** untersucht, wie die Gewinnaussichten des Unternehmens und der dazugehörigen Branche sind. Die **Strategieanalyse** beleuchtet die Positionierung des Unternehmens. Dabei ist auch interessant, wer dem Management angehört und was das Management leistet. Von Interesse ist weiterhin die **Analyse der Unternehmens- und Aktiendaten,** z. B. die Verhältnisse von Kurs zu Gewinn (KGV), Kurs zu Buchwert (KBV) und Kurs zu Umsatz (KUV). Die Fundamentalanalyse versucht, den »fairen« (inneren) Wert einer Aktie festzustellen. Der als fair ermittelte Kurs wird mit dem an der Börse gehandelten Kurs verglichen, sodass sich eine Unterbewertung, eine Überbewertung oder eine faire Bewertung der Aktie ergibt. Die Bewertung schließlich führt zu Handelsempfehlungen (Kaufen, Übergewichten, Verkaufen, Untergewichten, Halten). Die Herausforderung der Fundamentalanalyse besteht darin, über die vielen Informationen einer Aktiengesellschaft zu verfügen und sie angemessen zu bewerten.

Die **Technische Analyse** untersucht im Gegensatz zur Fundamentalanalyse keine Unternehmensdaten. Sie geht davon aus, dass alle fundamentalen Daten im Aktienkurs enthalten sind, auch wenn Aktien stark über- oder unterbewertet sind. Technische Analyse ist **Zeitreihenanalyse** mit dem Ziel, den weiteren Kursverlauf vorherzusagen. Sie erfolgt anhand von zeitlich aufeinanderfolgenden Beobachtungen eines Sachverhaltes (z. B. die Tagesschlusskurse einer Aktie). Zeitreihen enthalten eine Trendkomponente (die langfristige Entwicklung), eine zyklische (regelmäßige Schwankungen, z. B. Saison) und eine irreguläre stochastische Restkomponente. Diese statistische Methode war 2003 Thema der Nobelpreise für **Robert F. Engle** (*1942, amerikanischer Wirtschaftswissenschaftler; »Methoden zur Analyse ökonomischer Zeitreihen mit zeitlich variabler Volatilität«) und **Clive W. J. Granger** (*1934, britischer Wirtschaftswissenschaftler; »Methoden zur Analyse ökonomischer Zeitreihen mit gemeinsam veränderlichen Trends«). Das wichtigste Werkzeug des Technischen Analysten sind die Charts (engl. = Diagramm, Abbildung), die grafische Darstellung der historischen Kurse. Der Technische Analyst identifiziert zunächst den Trend, denn Märkte bewegen sich auf-, ab- und seitwärts. Dabei sind Trendlinien, Trendkanäle, das Volumen, die Elliott-Wellen-Theorie, Intermarket-Analyse und/oder Sentimentanalyse hilfreich (Murphy 2004, Navarro 2006, Prechter und Frost 2003, Schäfermeier 2007, Schwager 2003, Williams 2005). Entscheidungen über Kauf oder Verkauf an der Börse werden von Menschen aus unterschiedlichen (rationalen und irrationalen) Gründen getroffen, die sich im Chart widerspiegeln. Charts bilden die Summe menschlichen Verhaltens ab, sodass sich gute Kauf- und Verkaufszeitpunkte einer Aktie bestimmen lassen. Menschen verhalten sich daher in vergleichbaren Situationen ähnlich. So wird Massenverhalten einschätzbar. Das nutzt der Technische Analyst, der, um auf die weitere Kursentwicklung zu schließen, die gegenwärtige Verfassung des Marktes ermittelt und dann weiß, wie der Markt früher in vergleichbaren Situationen reagiert hat. So ist auch leicht einzusehen, dass Charts immer wieder ähnliche und wiederkehrende Kursverläufe zeigen. Dennoch ist Technische Analyse Interpretation, letztlich ein Abwägen von Argumenten (Indikatoren). Ein Technischer Analyst verkauft Aktien in einem überkauften Markt, weil er eine Trendwende erwartet. Ein anderer setzt auf die Stärke des Trends und baut bestehende Positionen aus.

Behavioral Economics (Verhaltensökonomik) verbindet die Wirtschaftswissenschaft (Ökonomik) mit der Sozialpsychologie, die beide zur Erklärung menschlichen Verhaltens beitragen. Bereits im 18. und 19. Jahrhundert befassten sich viele **klassische Ökonomen** mit der Einschätzung von Marktverhalten. Sie berücksichtigten dabei selbstverständlich auch psychologische Prozesse, da sie annahmen, dass der Mensch die Märkte entscheidend beeinflusst. Der Wunsch nach messbarer Wissenschaft führte jedoch dazu, dass die Psychologie zur Zeit der **Neoklassischen Ökonomie** (20. Jahrhundert) vernachlässigt wurde. Das Modell des *Homo oeconomicus* wurde geschaffen, das den Menschen als rational, nutzenorientiert und vollständig informiert bezeichnet. Weitere Voraussetzungen für dieses Modell sind vollständig verfügbare Information und die Stabilität der Nutzenfunktion (Goldberg, von Nitzsch 2004).

Verhalten sich Menschen rational und nutzenorientiert (mal abgesehen von der Unmöglichkeit, vollständig informiert zu sein)? Sicherlich nicht! Dem Modell des *Homo oeconomicus* liegt ein stark vereinfachtes Menschenbild zugrunde. Damit der *Homo oeconomicus* überhaupt zu rationalen Entscheidungen gelangen kann, muss er sich mit **Wahrscheinlichkeiten** auseinandersetzen. Dazu ein Beispiel: Stellen Sie sich vor, Sie spielen ein Würfelspiel, bei dem Sie 600 Euro bekommen, wenn Sie eine 1, 2 oder 3 würfeln. Fallen allerdings 4, 5 oder 6, müssen Sie 300 Euro bezahlen. Der *Homo oeconomicus* kalkuliert nun den zu erwartenden Nutzen, indem er den **Erwartungswert** des Spiels berechnet:

$$0,5 \cdot 600 \text{ €} + 0,5 \cdot (-300 \text{ €}) = 300 \text{ €} - 150 \text{ €} = 150 \text{ €}$$

Der Spieler kann also mit 150 Euro pro Spiel rechnen. Dabei ist allerdings auch wichtig, das Spiel möglichst oft zu spielen. Denn bei wenigen Würfen kann es leicht dazu kommen, mehrfach hintereinander zu verlieren. Das geschieht z. B. bei der Würfelfolge 4, 4, 6, 5, 6 und 4. In diesem Fall beträgt der Verlust nach sechs Spielen bereits 1800 Euro (Tab. 1).

Verluste in Folge	1	2	3	4	5	6
Verlustwahrscheinlichkeit [%]	50,00	25,00	12,50	6,25	3,13	1,56
Verlust [€]	300	600	900	1200	1500	1800

Tab. 1: Verlustwahrscheinlichkeiten in Prozent bei ein bis sechs Verlusten nacheinander. Der einfache Verlust beträgt 300 Euro pro Spiel.

Wer das Spiel allerdings 50-, 100- oder 250-mal spielt, der wird dem Erwartungswert von 150 Euro pro Spiel sicherlich nahekommen. Der *Homo oeconomicus* könnte also seinem Ruf bei Spielen ohne Unsicherheit gerecht werden, wenn er nur lange genug spielt: Der Spieler ist vollständig informiert (600 Euro bei Gewinn, 300 Euro bei Verlust, Chance-/Risiko-Verhältnis von eins zu eins) und der ermittelte Nutzen (Erwartungswert von 150 Euro) ist Grundlage der rationalen Entscheidung für oder gegen ein Spiel. Doch wie verhält sich der *Homo oeconomicus* in Situationen, die mit Unsicherheit behaftet sind? Dann sollte er den Erwartungswert des Nutzens maximieren. Die 📖 **Erwartungsnutzen-**

theorie kann menschliches Entscheidungsverhalten bei Unsicherheit nicht erklären, weil sie kognitive und emotionale Einflüsse vernachlässigt. Die Berücksichtigung dieser Einflüsse führt zu einem erweiterten *Homo-oeconomicus*-Modell. Während das realitätsferne Modell des rationalen *Homo oeconomicus* einen vollkommenen Nutzenmaximierer zeigt, ist der emotionale *Homo oeconomicus* zuallererst ein Mensch. Dieser steht im Fokus der **Neuroökonomie**. Neuroökonomen erklären, wieso Menschen systematische Fehler machen, und nutzen bildgebende Verfahren wie z. B. das Elektroenzephalogramm (EEG), die funktionelle Magnetresonanztomographie (fMRI, engl. = functional Magnetic Resonance Imaging) oder die Positronenemissionstomographie (PET), um die neuronalen Grundlagen von sozialem Entscheidungsverhalten zu beleuchten. Die Ergebnisse sind z. B. der faire *Homo oeconomicus*, der vertrauende *Homo oeconomicus*, der selbstlose *Homo oeconomicus* und der wertende *Homo oeconomicus*.

Die Neuroökonomie führte vor allem zur Weiterentwicklung von Entscheidungs- und Spieltheorie. Das Modell des rationalen *Homo oeconomicus* wurde durch das **Diktator**- und das **Ultimatum-Spiel** *ad absurdum* geführt.

Fairer *Homo oeconomicus*: Beim Diktator-Spiel erhält Spieler A einen Geldbetrag, z. B. 20 Euro, den er auf sich und einen Spielpartner aufteilen darf (Franzen, Pointner 2007). Die meisten der 71 Diktatoren geben die Hälfte des Geldbetrags ab. Klingt fair, oder? Beim Ultimatum-Spiel wird Spieler A aufgefordert, einen Betrag von z. B. 10 Euro zwischen sich und Spieler B aufzuteilen (Sanfey et al. 2003). Spieler A kann sich für eine Aufteilung in beliebigem Verhältnis entscheiden, allerdings darf er nicht den gesamten Betrag behalten. Bei der für Spieler B schlechtesten Aufteilung behält Spieler A 9 Euro und gibt lediglich einen Euro ab. Im nächsten Schritt entscheidet Spieler B über Annahme oder Ablehnung des Angebots von Spieler A. Nimmt Spieler B das Angebot an, bekommen beide den entsprechenden Betrag. Wenn Spieler B das Angebot ablehnt, bekommen beide Spieler nichts.

Die Frage ist: »Wann ist es für Spieler B von Vorteil, ein Angebot abzulehnen?« Die Antwort eines rationalen *Homo oeconomicus* ist: »Zu keinem Zeitpunkt!«, denn im ungünstigsten Fall bekommt Spieler B einen Euro, den er vorher nicht hatte. Die Regel ist allerdings, dass Angebote unter 20 Prozent abgelehnt werden. Spieler B zieht also die Empfindung von Fairness einer Verbesserung seiner finanziellen Lage vor. Neuroökonomen fanden heraus, dass »unfaire« Angebote zu erhöhter Aktivität in Hirnbereichen führten, die auf Emotionen ansprechen. Dieses Ergebnis legt nahe, dass Emotionen großer Einfluss bei der Entscheidungsfindung zukommt (Sanfey et al. 2003). Es ist vor allem für Trader interessant, Emotionen als wesentlichen Bestandteil von finanziellen Entscheidungen anzuerkennen und entsprechende Schritte zum Schutz vor sich selbst einzuleiten.

Vertrauender *Homo oeconomicus*: »Vertrauen ist gut, Kontrolle ist besser!« Doch gibt es viele Situationen, in denen Kontrolle nicht möglich ist. Die Vertrauensbildung kann allerdings durch ein Hormon namens Oxytocin beeinflusst werden (Kosfeld et al. 2005). Das wurde anhand eines ökonomischen Vertrauensspiels belegt. 58 Versuchspersonen wurden in zwei Gruppen (Investoren und Vermögensverwalter) geteilt, die zu Beginn des Spiels alle über 12 Schweizer Franken verfügten. Die Investoren durften entscheiden, wie viel sie davon dem Verwalter anvertrauten (0, 4, 8 oder 12 Schweizer Franken). Der abgegebene Geldbetrag wurde verdreifacht, sodass der Verwalter bestenfalls über 48 Schweizer Franken verfügte. Den Gewinn konnte der Vermögensverwalter mit dem Investor teilen, konnte ihn aber auch ganz für sich selbst behalten. Dieses Spiel ist für den Investor-*Homo oeconomicus* eigentlich unspielbar, weil weder Kontroll- noch Sicherheitsbedürfnis befriedigt werden. Offensichtlich ist der rationale *Homo oeconomicus* mit einem handelsüblichen Oxytocin-Nasenspray beeinflussbar: 45 Prozent der Versuchspersonen, die dieses Mittel bekommen hatten, vertrauten den Vermögensverwaltern und gaben den höchsten Geldbetrag, wohingegen es in der Vergleichsgruppe lediglich 21 Prozent waren.

Viele Menschen sind offensichtlich sogar bereit, Kosten in Kauf zu nehmen, um die Verletzung sozialer Normen zu bestrafen (Quervain et al. 2004). Bei einem vergleichbaren Spiel wurde im PET gezeigt, dass die Bestrafung von »unfairem« Verhalten mit einer Aktivierung des Belohnungszentrums im Gehirn einhergeht. Wenn sich Spieler B (Vermögensverwalter) entscheidet, A (Investor) leer ausgehen zu lassen, bekommt Spieler A Gelegenheit, B zu bestrafen (vier verschiedene Bestrafungsmodelle). Die Aktivierung des Belohnungszentrums und die damit verbundene Bereitschaft, Geld für die Bestrafung von unfairem Verhalten aufzuwenden, waren bei den Versuchspersonen sehr unterschiedlich ausgeprägt. Investoren, deren Belohnungszentrum bereits bei kostenfreiem Bestrafen stärker aktiviert wurde, waren bereit, mehr Geld für die Bestrafung aufzuwenden, wenn diese kostspielig war. Der **selbstlose** *Homo oeconomicus* ist vielleicht gar nicht so uneigennützig, da die Aktivierung des Belohnungszentrums im Gehirn mit einer Befriedigung beim Bestrafenden einhergeht.

Wertender *Homo oeconomicus*: Neuroökonomen belegen auch, dass Menschen ihren Selbstwert durch Vergleich mit anderen bestimmen und damit letztlich Opfer ihrer eigenen Bewertungssysteme werden (Fliessbach et al. 2007). 38 männliche Versuchspersonen wurden paarweise aufgefordert, die Menge aufleuchtender Punkte auf einem Monitor zu schätzen. Abhängig vom Ergebnis erhielten sie eine leistungsgerechte Bezahlung zwischen 30 und 120 Euro. Diese Bezahlung war Grundlage für eine erhöhte Hirnaktivität im Belohnungszentrum, die mit dem fMRI nachgewiesen wurde. Bemerkenswert war, dass der eigene Erfolg zur Nebensache geriet, sobald der andere Spieler besser getippt hatte und damit auch eine höhere Belohnung bekam. Die Aktivierung des Belohnungszentrums war besonders hoch, wenn sich die andere Versuchsperson verschätzt hatte. Hatten dagegen beide Spieler die Zahl der Punkte richtig geraten, folglich auch die gleiche Bezahlung erhalten, kam es zu einer vergleichsweise geringen Aktivierung. Ein rationaler *Homo oeconomicus* interessiert sich wohl kaum dafür, was ein anderer bekommt?

Natürlich beeinflusste auch die absolute Bezahlung die Aktivität im Belohnungszentrum: Die Freude der Spieler über 60 Euro war größer als bei 30 Euro. Wettbewerb scheint Männer anzustacheln, da auch die relative Höhe des Einkommens eine erhebliche Rolle spielt. Inwieweit Frauen vergleichbar reagieren oder ob auch kulturelle Faktoren wirksam sind (Verhalten sich Asiaten anders als Europäer?), soll in weiteren Studien geklärt werden.

Diese vier Beispiele belegen eindrucksvoll, dass das Modell eines rationalen *Homo oeconomicus* nicht haltbar ist, da der Mensch offensichtlich »anders tickt«. Die Geschichte der **Behavioral Economics** beginnt allerdings lange bevor Verhaltensökonomen und Hirnforscher menschliches Entscheidungsverhalten eingehend untersuchten. Die Verhaltensökonomik entstand bereits in den 1960er-Jahren, da seither Naturwissenschaft und Psychologie Gehör in den Wirtschaftswissenschaften finden. Später entwickelten sich aus der Behavioral Economics die **Behavioral Finance** (Verhaltensorientierte Finanzwissenschaft) und die **Behavioral Public Finance** (Verhaltensorientierte öffentliche Finanzwissenschaft), die mögliche staatliche Reaktionen auf irrationales Verhalten und kollektive irrationale Entscheidungen untersucht (Abb. 1).

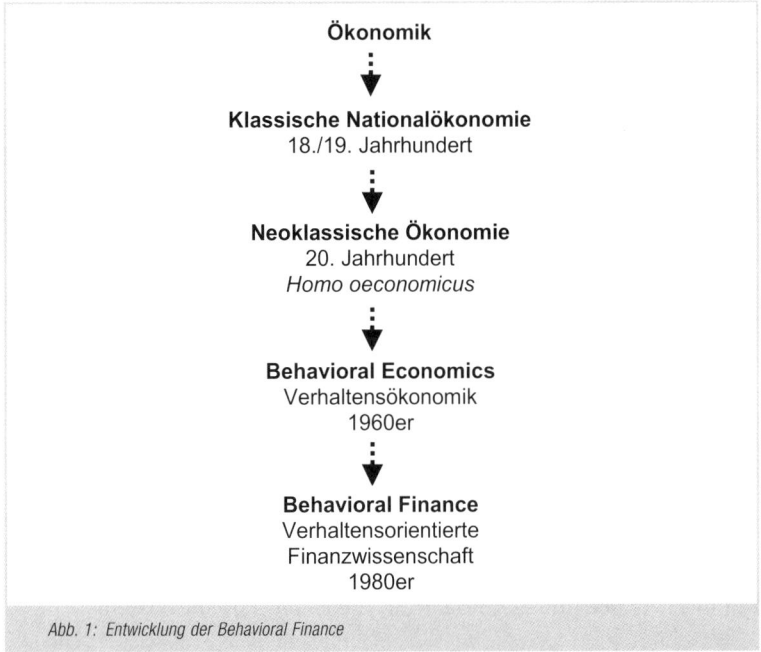

Abb. 1: Entwicklung der Behavioral Finance

Die Behavioral Finance untersucht z. B. das Verhalten von Marktteilnehmern in Bezug auf Auswahl und Verarbeitung von Informationen. Letztlich wird geprüft, welche Faktoren Trader und Investoren beeinflussen. So werden z. B. die gleichen Informationen bei unterschiedlichen Rahmenbedingungen verschiedenartig bewertet. Die Behavioral Finance untersucht diese Prozesse, um Prognosen über das zukünftige Verhalten von Marktteilnehmern vorauszusagen.

Die Geschichte der Behavioral Finance lässt sich erschließen, wenn Sie sich mit den Wissenschaftlern **Leon Festinger, Daniel Kahneman, Amos N. Tversky** und **Richard Thaler** auseinandersetzen. Festinger (1919–1989, amerikanischer Sozialpsychologe) wurde durch die Theorie der kognitiven Dissonanz bekannt. Die israelisch-amerikanischen Psychologen Kahneman (*1934) und Tversky (1937–1996) entwickelten die Prospect-Theorie. Thaler (*1945, amerikanischer Wirtschaftswissenschaftler) ist wahrscheinlich der bekannteste Theoretiker der Behavioral Finance.

Den Einfluss der Psychologie auf die Wirtschaftswissenschaften belegen auch die Nobelpreise von **Herbert A. Simon** (1916–2001, amerikanischer Kognitionswissenschaftler: Nobelpreis 1978 für die »Erforschung der Entscheidungsprozesse in Wirtschaftsorganisationen«) und **Daniel Kahneman** (Nobelpreis 2002 für das »Einführen von Einsichten der psychologischen Forschung in die Wirtschaftswissenschaft, besonders bezüglich Beurteilungen und Entscheidungen bei Unsicherheit«).

Psychologen befassen sich vor allem mit menschlichem Verhalten und Erleben. Die **Sozialpsychologie** leistet dabei wichtige Beiträge zur Behavioral Finance, da sie den sozialen Kontext in den Vordergrund stellt. Prinzipiell werden drei Forschungsperspektiven unterschieden: Untersuchungen zur sozialen **Kognition** beantworten Fragen, wie soziale Reize wahrgenommen und verarbeitet werden und wie sie das Handeln (die Reaktion auf die Reize) beeinflussen. Die weiteren Forschungsrichtungen widmen sich dem Thema **Kommunikation** und dem **Verhalten** von und in Gruppen. Wie erlangen Menschen neue Informationen über ihre Umwelt? Wie wird das Neue im Gedächtnis gespeichert? Was ist angeboren und wie beeinflussen Erfahrungen das angeborene Wissen?

Im 19. Jahrhundert wurde gerade den Naturwissenschaften eine größere Bedeutung zugeschrieben als den meisten anderen Wissenschaften, da Experimente zum Erkennen von allgemeinen Gesetzen durch Physiker und Chemiker führten. So erlebte auch die Psychologie ihren Aufschwung, da die naturwissenschaftliche Betrachtungsweise in der Psychologie Einzug hielt. **Hermann Ebbinghaus** (1850–1909, deutscher Psychologe) führte experimentelle Methoden in die Psychologie ein und leistete herausragende Beiträge zur Erforschung von Lernen und Gedächtnis. Ebbinghaus zeigte, dass Erinnerungen unterschiedliche Lebensspan-

nen haben. Einige Erinnerungen sind kurzlebig, bleiben nur minuten-
lang erhalten, andere wiederum überdauern Tage oder auch Wochen.
Ebbinghaus belegte auch, dass Erinnerungen nach Wiederholung länger
im Gedächtnis bleiben. Erinnerungen, die Tage und Wochen andauern,
werden schließlich widerstandsfähig gegen Störungen und bleiben damit
im Gedächtnis gespeichert. **William James** (1842–1910, amerikanischer
Neuropsychologe) definierte schließlich Kurzzeit- (Sekunden bis Minuten) und Langzeitgedächtnis (Wochen, Monate oder ein ganzes Leben).

Mitte des 19. Jahrhunderts vermutete **Charles Darwin** (1809–1882, britischer Naturwissenschaftler), dass geistige Merkmale bei Säugetieren ähnlich sind. Was lag also näher, als Tiere zu beobachten? **Iwan P. Pawlow**
(1849–1936, russischer Naturwissenschaftler und Mediziner, Nobelpreis-
träger 1904) entdeckte die **klassische Konditionierung** (Versuche mit
Hunden), **Edward L. Thorndike** (1874–1949, amerikanischer Psychologe) die **operante Konditionierung** (Lernen durch Versuch und Irrtum,
Experimente mit Katzen und Hunden). Beide experimentellen Methoden sind grundlegend für die wissenschaftliche Untersuchung von Lernen und Gedächtnis. Die auf Experimenten basierende Lernpsychologie
entwickelte sich zum **Behaviorismus**, der andere Zugänge bei der Erforschung des Gedächtnisses ermöglichte, da menschliches und tierisches
Verhalten mit naturwissenschaftlichen Methoden untersucht wurde.

Der Behaviorismus war Anfang des 20. Jahrhunderts vor allem in den
Vereinigten Staaten die beherrschende psychologische Richtung bei der
Erforschung von Lernen und Gedächtnis. Doch gab es auch andere Wissenschaftler, die mentale Vorgänge in den Mittelpunkt stellten. In den
60er-Jahren des 20. Jahrhunderts stellte **Frederic Bartlett** (1886–1969,
britischer Psychologe) die These auf, dass Wahrnehmung und Gedächtnis nicht nur von Informationen aus der Umwelt, sondern auch von der
geistigen Struktur des Menschen abhängen (**kognitive Psychologie**). Die
Behavioristen hatten immer die Reize und die dadurch bewirkten Reaktionen analysiert, doch die Gehirnprozesse vernachlässigt, die sich zwischen Reiz und Verhalten abspielen. Ziel der **Kognitionswissenschaft** ist
die Erforschung kognitiver Fähigkeiten (Wahrnehmung, Denken, Lernen,
Motorik, Sprache). Kognitionspsychologen interessieren sich dabei für
den Informationsfluss von Sinnesorganen (vor allem Augen und Ohren)
zu den verschiedenen Bereichen im Gehirn. Die kognitive Psychologie

hat zur Klärung der Frage »Wie sieht es im Gehirn wirklich aus?« einen gemeinsamen Weg mit der Biologie gefunden und damit die moderne Hirnforschung begründet. Die Biologen steuern Zell- und Molekularbiologie und vor allem aber die **Neurowissenschaft** bei. Die Biologie des Gehirns lässt sich auf der Ebene von Nervenzellen und Molekülen innerhalb der Nervenzellen und auf der Ebene von Strukturen, Schaltkreisen und Verhalten untersuchen (**kognitive Neurowissenschaft**).

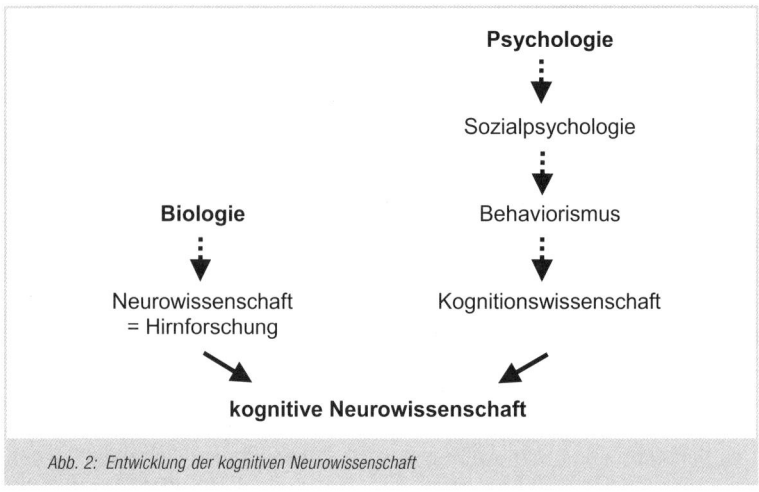

Abb. 2: Entwicklung der kognitiven Neurowissenschaft

Sie sind nun mit den Unterschieden von Fundamentalanalyse, Technischer Analyse und Behavioral Economics vertraut. Die Geschichte der jüngeren Wirtschaftswissenschaften ist durch verhaltensorientierte Forschung geprägt, deren Mittelpunkt der Mensch ist. Sie werden Behavioral-Finance-Experte, wenn Sie die grundlegende Forschung und die damit verbundenen Begriffe verinnerlichen, die Sie im nächsten Kapitel vorfinden. Viele Begriffe sind in englischer Sprache, nicht zuletzt weil die Sprache der Wissenschaftler Englisch ist und die Ursprünge der Behavioral-Finance-Forschung in den Vereinigten Staaten liegen.

2 Behavioral Finance

Die verhaltensorientierte Finanzwissenschaft stellt den Menschen in den Mittelpunkt der Betrachtung. Gerade Ihre menschliche Sehnsucht nach Harmonie, Sicherheit und Kontrolle verhindert Ihren Börsenerfolg. Das, was Sie in anderen Bereichen des Lebens durchaus unterstützen kann, wird Sie in finanziellen Angelegenheiten nicht weiterbringen. Im Kapitel 2.1 lernen Sie, dass die Befriedigung Ihres Harmoniebedürfnisses Balsam für Ihre Seele sein kann, Ihre Geldbörse allerdings unnötig belastet wird. Der Preis für dieses »Friede, Freude, Eierkuchen«-Gefühl drückt sich durch Verlust- und Regretaversion aus, die Sie in wichtigen Entscheidungssituationen zur Salzsäule erstarren lassen. Sie belassen dann Ihre einmal getroffenen Entscheidungen und sehen zu, wie sich der finanzielle Schaden vergrößert, anstatt angemessen zu handeln. Langfristig wird beim »Zusehen anstatt angemessen reagieren« auch Ihre Psyche leiden. Kapitel 2.2 zeigt Ihnen, wie Sie komplexe Sachverhalte und Situationen auflösen und zu schnellen Urteilen gelangen können. Die dazu erforderlichen Techniken werden Heuristiken genannt. Diese sind allerdings oft auch Grundlage falscher Entscheidungen, da die meisten Menschen versuchen, ihrem Bedürfnis nach Sicherheit und Kontrolle nachzugeben. Die Folge sind systematische Fehlentscheidungen. Der Prospect-Theorie ist das Kapitel 2.3 gewidmet. Menschen wählen Bezugspunkte bei der Bewertung von Ereignissen. Diese führen dazu, dass sie z.B. Gewinne und Verluste unterschiedlich bewerten. Die Folgen können übereilte Gewinnmitnahmen, das Nachkaufen von Verliereraktien oder auch das Aussitzen von Verlusten sein.

2.1 Theorie der kognitiven Dissonanz

Schwächen in der Wahrnehmung, Verarbeitung und Bewertung von Informationen haben psychologische Hintergründe. Der Mensch nutzt verschiedene Mechanismen, um die Komplexität in Entscheidungsprozessen zu reduzieren, damit er in angemessener Zeit zu Urteilen gelangen kann. Die Herausforderung besteht darin, widersprüchliche Wahrnehmungen, Überzeugungen, Meinungen und auch Wissen in einer abschließenden Entscheidung unter einen Hut zu bringen. Das ist in der Regel schwierig und oft mit Unzufriedenheit, einem faden Beigeschmack und gelegentlich auch mit Schmerz verbunden. Die Ursache liegt darin, dass der Mensch nach Harmonie strebt, **Konsonanz** sucht (lat. *con* = zusammen, sonare = klingen) und wenig auslässt, um **Dissonanz** (lat. *dis* = unterschiedlich) zu vermeiden. Die **Theorie der kognitiven Dissonanz** ist ein sozialpsychologischer Ansatz, der Ihnen erlaubt, Ihr Verhalten zu verstehen (Festinger et al. 1956, Festinger 1957). Das Wort kognitiv ist vom Begriff **Kognition** (lat. *cognoscere* = erkennen) abgeleitet, worunter allgemein Bewusstseins- und Wahrnehmungsprozesse verstanden werden. Kognitive Dissonanz wird als unangenehm empfunden.

Menschen geraten bei fast allen Entscheidungen in einen Zwiespalt. Das ist leicht verständlich, denn die Alternative, für die sich der Mensch entschieden hat, besitzt natürlich auch negative Eigenschaften, wohingegen die verworfene Variante auch positive Merkmale aufweist.

Wie oft fragen Sie sich nach einer Entscheidung, ob Sie die richtige Wahl getroffen haben? Wie beurteilen Sie die Alternativen, gegen die Sie sich entschieden haben? **Beispiel**: Sie beobachten seit Wochen zwei Aktien aus dem Software-Bereich (beide im TecDAX gelistet). Warum kaufen Sie nicht beide Aktien? Wieso entscheiden Sie sich nicht wenigstens für ein Unternehmen? Vielleicht fragen Sie sich auch, wieso Sie sich gerade für Aktien aus der Software-Branche interessieren, wo alle Welt von Rohstoff-Hausse spricht? Der Aktienkauf setzt eine Entscheidung voraus, die möglichst wenig Dissonanz hervorruft. Die verschiedenen Möglichkeiten (Kauf der Aktien eines oder beider Unternehmen oder doch eine Investition in der Rohstoffbranche, was weitere Recherche erfordert) sind auch Teil der Herausforderung. Damit Sie sich gut fühlen, brauchen Sie Zeit, um ausreichend positive Informationen zu sammeln, die Ihre Entscheidung untermauern. Gleichzeitig werden Sie das Negative vernachlässigen, ausblenden, vielleicht sogar Tatsachen verdrehen.

Damit Sie überhaupt Konsonanz und Dissonanz empfinden, müssen Sie über die für Ihre Entscheidung relevanten Informationen verfügen und sie auch wahrnehmen. Letztlich spielt dabei Ihre Aufmerksamkeit eine große Rolle. Darüber hinaus ist für das Auftreten von Dissonanz eine **Selbstverpflichtung** (engl. – **commitment**) erforderlich. Commitment liegt vor, wenn Sie emotional an der getroffenen Entscheidung hängen. Sind Sie erst einmal an Ihre Entscheidung gebunden, werden Sie Dissonanz noch viel intensiver empfinden. Wie hoch das Commitment und damit die mögliche Dissonanz bei einer Entscheidung ist, hängt von verschiedenen Faktoren ab: Entscheidungsfreiheit, Verantwortung, irreversible Kosten oder Kosten für das Zurücknehmen der Entscheidung und Normabweichung (Goldberg, von Nitzsch 2004). Das Abweichen von der Norm ist übrigens oft mit einem hohen Commitment verbunden. **Beispiel**: Anleger, die Pennystocks (engl. = Aktien, die einen Wert von 99 Cent oder weniger besitzen) oder Nebenwerte halten, empfinden Verluste und Gewinne intensiver als bei Investitionen in Standardwerte (Goldberg, von Nitzsch 2004).

Die Frage ist allerdings immer, wozu Sie sich verpflichtet fühlen. So könnte sich ein Commitment in Bezug auf eine profitable Strategie auch positiv auswirken. Die Bausteine einer Trading-Strategie finden Sie in Kapitel 5 erläutert. Solange Sie Ihre Strategie diszipliniert umsetzen, werden Sie wenig Dissonanz empfinden. Daher wird Sie diese Art der Selbstverpflichtung unterstützen.

Dissonanz fühlt sich im Allgemeinen unangenehm an, ein Zustand, den Sie gern vermeiden. Das ist jedoch nicht immer möglich. So bleibt der Wunsch, wenigstens die Intensität der Dissonanz zu verringern. Dazu bieten sich verschiedene Möglichkeiten an. Sie müssen zunächst innere und vielleicht auch äußere Hindernisse überwinden, die in der Regel auch mit Kosten verbunden sind. Das könnte auch seelische Nöte einschließen. **Beispiel**: Sie haben vor zwei Jahren ihre Großtante überredet, ihr Festgeldkonto aufzulösen und in Rentenpapiere zu investieren. Dem Argument einer jährlichen Wertsteigerung von 5 Prozent konnte sich auch Ihre Tante nicht entziehen. Der Rentenmarkt befindet sich seitdem allerdings in einer Seitwärtsbewegung, sodass die Papiere keine Rendite abwerfen. Halten Sie an den Rentenpapieren fest oder verkaufen Sie und legen das Geld in Indexfonds an? Dann fallen allerdings Trading-Kosten an (zzgl. der 2 Prozent zwischen Ausgabe- und Rücknahmepreis). Wie entwickelt sich das Verhältnis zwischen Ihnen und Ihrer Verwandten, die Ihrem Rat gefolgt ist? Tragen Sie die Kosten, weil Sie ein schlechtes Gewissen haben, oder Ihre Großtante? Sie haben die Möglichkeit, auf die veränderte Marktlage zu reagieren. Es kommt jedoch auch vor, dass eine einmal getroffene Entscheidung nicht rückgängig zu machen ist. **Beispiel**: Sie haben vor zwei Tagen ein Aktienzertifikat der Northern Railroad von 1849 für 150 Euro im Internet versteigert und erfahren heute, dass Ihr Neffe sich für historische Wertpapiere interessiert. Der neue Eigentümer ist glücklich, seine Sammlung um ein wertvolles Stück erweitert zu haben, und tritt trotz Ihrer Bitte nicht vom Kauf zurück.

Wenn es Ihnen nicht möglich ist, Ihre Entscheidung zurückzunehmen, vielleicht wegen Ihres hohen Commitments oder weil es ausgeschlossen ist, müssen Sie die Dissonanz auf andere Weise verringern oder auflösen. Sie haben dazu verschiedene Möglichkeiten, z. B. **selektive Wahrnehmung** und **selektives Entscheiden**.

2.1.1 Selektive Wahrnehmung

Selektive Wahrnehmung bedeutet, dass Menschen nach Entscheidungen mit hohem Commitment nur das wahrnehmen, was ihre Entscheidung stützt, vor allem wenn sie feststellen, dass die gewählte Alternative die vermeintlich schlechtere war. Dann wird die Aufmerksamkeit in der Regel auf die Vorteile der getroffenen Wahl gelenkt. Vielleicht werden auch die Nachteile der nicht gewählten Alternative überbewertet. Der Mensch blendet Informationen aus. Er sieht letztlich nur das, was für die getroffene Entscheidung spricht, oder spielt gegenteilige Informationen herunter. **Beispiel**: Sie haben gestern für 5000 Euro Aktien eines Unternehmens aus der Solarbranche gekauft. Beim Frühstück entdecken Sie im Wirtschaftsteil Ihrer Zeitung den Artikel eines Redakteurs, den Sie persönlich kennen. Die Schlagzeile lautet: »Umsatzrückgang im Solarbereich, Ende des Booms?« Wie reagieren Sie? Wahrscheinlich werden Sie die negative Information abwerten, vielleicht sogar ignorieren, um so Ihre Entscheidung zu rechtfertigen. Auf der anderen Seite kennen Sie den Redakteur, Sie wissen: Der kennt sich aus! Verkaufen Sie Ihre Aktien? Betrachten Sie die Information als eine Meinung unter vielen? Sie haben schließlich wochenlang im Internet recherchiert, zahllose Artikel gelesen, ein Buch »Erfolgreich mit Solarenergie« gekauft, damit auch Zeit und Geld investiert, um das optimale Investment zu finden. Die meisten Menschen können mit der neuen Information (Zeitungsartikel) schwer umgehen. Der nicht bewusste Wunsch nach Konsonanz führt dazu, dass Sie Zeit opfern, um Ihre Entscheidung zu stärken. Nur wenige Menschen nehmen ihre Entscheidungen zurück, denn beim Verkauf der Aktien entstehen Trading-Kosten und der gesamte Entscheidungsprozess beginnt von Neuem. Kompliziert wird das Ganze, wenn Sie weitere Entscheidungen treffen müssen und Sie auf einen Informationsstand zurückgreifen, den Sie bereits verzerrt haben. **Beispiel**: Sie erhalten vier Wochen später weitere 5000 Euro (eine Schenkung von Ihrer Großmutter, die sich immer gegen Börsenspekulationen ausgesprochen hat). Ihre Solaraktien haben in der Zwischenzeit 4 Prozent verloren. Wie entscheiden Sie sich? Werden Sie weitere Aktien eines Solarunternehmens kaufen, weil Sie davon überzeugt sind, dass Solarenergie die Zukunft ist? Werden Sie Aktien des gleichen Unternehmens kaufen, obwohl Sie bereits 4 Prozent Ihres Kapitals verloren haben? Verkaufen Sie vielleicht Ihre Aktien, weil Sie sich an den Artikel des Redakteurs erinnern und auch Omas Worte in Ihren Ohren klingen?

Die Tendenz, selektiv wahrzunehmen, ist bei Menschen unterschiedlich stark ausgeprägt. Dabei lassen sich vor allem zwei Gruppen unterscheiden: In der ersten Gruppe finden Sie die Menschen, die Dissonanz grundsätzlich als unangenehm empfinden und daher ausschließlich nach Konsonanz streben. Das könnte dazu führen, dass auch die zweiten 5000 Euro in Solaraktien investiert werden, vielleicht sogar in Anteile des gleichen Unternehmens. Die wochenlange Recherche bekommt also mehr Gewicht als weitere Informationen (Bericht in der Zeitung), Tatsachen (4 Prozent Verlust) und/oder Glaubenssätze (der Großmutter). Die Situation ist gefährlich, denn durch einseitige Bewertung von Informationen neigen Sie dazu, an einer Entscheidung festzuhalten oder – noch viel schlimmer – weitere kostspielige Entscheidungen zu fällen. Aufgeschlossene Menschen suchen ebenfalls nach Konsonanz, doch ist ihr Weg ein anderer. Sie sind bereit, sich mit den verfügbaren Informationen, Argumenten und Meinungen anderer auseinanderzusetzen.

2.1.2 Selektives Entscheiden

Während die selektive Wahrnehmung der Rechtfertigung einer Entscheidung oder der Verminderung von Dissonanz dient, versucht der selektiv entscheidende Mensch seine vermutlich mit hohem Commitment getroffene Entscheidung in jedem Fall zu einem Erfolg zu machen (auch wenn die Lage fast aussichtslos ist; Goldberg, von Nitzsch 2004). Was treibt Menschen an, so zu handeln? Dabei spielen Glaubenssätze wie »Was man anfängt, führt man auch zu Ende« oder »Nur wer aufgibt, hat verloren« eine große Rolle. Denn nur dann machen auch alle bisherigen Investitionen Sinn (wenigstens für den Augenblick). Überlegen Sie lieber, ob die Alternative, die Notbremse zu ziehen, nicht viel sinnvoller ist. **Beispiel**: Sie erinnern sich an den Zeitungsartikel (»Ende des Solarbooms«) und Ihre bereits getätigte Investition von 5000 Euro. Die Aktien sind mittlerweile um 20 Prozent gefallen. Der selektiv entscheidende Mensch wird seine eventuell mit hohem Commitment gekauften Aktien durch Stützungskäufe »verbilligen« (und schließlich weiteres Geld verlieren).

Wenn sich ein Wertpapier nicht nach Ihren Erwartungen entwickelt, sollte Ihre Trading-Strategie das Thema von allein erledigen. So gesehen ist es sehr unwahrscheinlich, dass Sie überhaupt eine Position mit einem Minus von 20 Prozent in Ihrem Depot halten. Somit kommen Sie wahrscheinlich auch gar nicht auf die Idee, Aktien zur Einstandspreiserniedrigung zu kaufen. Ihre Trading-Strategie schützt Sie also auch vor unüberlegten und emotionalen Handlungen. In diesem Fall sind Sie es nicht persönlich, der die Entscheidung zurücknimmt, auch wenn die angewendete Strategie von Ihnen entwickelt wurde.

2.2 Heuristiken

Heuristik (altgriech. heurisko = ich finde, heuriskein = auffinden, entdecken) bezeichnet die Kunst, wahre Aussagen zu finden (im Unterschied zur Logik, die wahre Aussagen begründet). Heuristiken sind Methoden, mit denen Sie komplexe Situationen, Herausforderungen, Probleme, die sich nicht vollständig lösen lassen, mithilfe einfacher Regeln unter Zuhilfenahme weniger Informationen entwirren.

Abb. 3: Heuristiken zur Komplexitätsreduzierung und zur schnellen Urteilsfindung

Unter dem Begriff **kognitive Heuristik** versteht man auch Denken und Urteilen unter Unsicherheit. Abbildung 3 zeigt eine Übersicht der wichtigsten Heuristiken zur **Komplexitätsreduzierung** und zur **schnellen Urteilsfindung**.

2.2.1 Vereinfachung von Sachverhalten

Komplexe Situationen begegnen Menschen täglich. Ohne sich dessen bewusst zu sein, haben die meisten eine Routine entwickelt, wie sie eine nicht sofort überschaubare Lage für sich sinnvoll auflösen. Sofern eine Entscheidung erforderlich ist, werden Menschen direkt versuchen, den Kern der Sache zu erfassen. Eine gängige Möglichkeit, die Komplexität von Entscheidungssituationen zu verringern, besteht darin, **Sachverhalte** zu **vereinfachen**. Bestimmt runden auch Sie Geldbeträge auf und ab oder vernachlässigen geringe Unterschiede bei der Beurteilung von Informationen.

Dabei spielen Gesetze der Logik, die Wahrscheinlichkeitsrechnung und auch die Maximierung des erwarteten Nutzens eine Rolle. Entscheidend ist, dass Sie sich durch Vereinfachen auf das Wesentliche konzentrieren (Kahneman, Tversky 1979).

2.2.2 Geistige Konten

Das Führen **geistiger Konten** (engl. = **mental accounting**) ist eine andere hilfreiche Methode, Situationen zu entwirren (Tversky, Kahneman 1981). Damit ist Folgendes gemeint: Menschen neigen dazu, ihre Energie zu verstreuen, z. B. ihr Geld an verschiedenen Orten zu lagern. Vielleicht haben Sie drei Konten, eins bei Ihrer Hausbank und zwei weitere bei verschiedenen Online-Brokern, auf denen Sie Geld parken (z. B. für Urlaub oder die Zahlung an das Finanzamt). Dann haben Sie ein Portemonnaie, den 20-Euro-Schein im Aschenbecher Ihres Autos, in der Küche hinter dem Mehl die stille Reserve von 250 Euro und das Sparschwein, in das Sie alle Euro-Münzen werfen, die Sie als Wechselgeld beim Einkaufen bekommen. Es ist eine wahre Kunst, dabei einen Überblick über die Gesamtgeldmenge zu behalten. Abgesehen von Geldangelegenheiten leben die meisten Menschen auch in anderen Bereichen diese Kleinigkeitskrämerei. Viele sind sich auch nicht bewusst, dass sie über einen bestimmten Gesamtenergiebetrag verfügen, der neben ihrem Kapital und Wertgegenständen auch ihre Gesundheit, ihr Wissen, ihre Fähigkeiten und vor allem ihre Zeit beinhaltet. Viel entscheidender als das unstrukturierte Sammeln und Ablegen Ihres Geldes (Konto, Auto, Wohnung) ist das Ausgeben, da Sie oft gar nicht bemerken, wie schnell Sie Ihr Kapital verlieren. Das liegt an der einfachen Tatsache, dass Sie eine Reihe geistiger Konten führen und von jedem etwas anderes bezahlen. Vielleicht nehmen Sie für Eintritte ins Kino den 20-Euro-Schein, der sich in Ihrem Auto befindet. Den Schein ersetzen Sie nach jedem Kinobesuch (Geld aus dem Automaten Ihrer Hausbank). Der Brötchendienst könnte vielleicht mit den Münzen bezahlt werden. Auf diese Weise bemerken Sie letztlich auch nicht, dass Ihr gesamtes Kapital immer weniger wird. Sie pflegen verschiedene Rituale, die Ihnen vielleicht auch einen gewissen Wohlfühleffekt vermitteln. Bei genauerem Hinsehen ist es fahrlässig, ganz abgesehen davon, dass diese Lebensweise Ihre Zeit über die Maßen beansprucht und kraftraubend sein könnte. Was spricht denn dagegen, transparent und einfach zu leben?

Wie bereits beschrieben, sind die weitreichenden Folgen von Mental Accounting in allen Lebensbereichen spürbar, da Menschen selten die Gesamtheit aller Projekte und vor allem deren Folgen im Kopf haben. Die Struktur vieler Menschen lässt zu einem Zeitpunkt oft nur die Konzentration auf jeweils ein Konto zu. Abhängigkeiten zu anderen Engagements oder Konten werden dabei weitgehend übergangen. Das Führen geistiger Konten reduziert damit die Komplexität von Entscheidungssituationen sehr effektiv, doch werden Sie an folgendem **Beispiel** erkennen, dass damit auch Probleme verbunden sein können.

Sie haben an der Abendkasse des Theaters eine Eintrittskarte für 10 Euro reservieren lassen. Dort angekommen, stellen Sie fest, dass Sie die 10 Euro verloren haben, die Sie für den Kauf der Eintrittskarte vorgesehen hatten. Kaufen Sie dennoch eine Karte für 10 Euro?

Antworten: ja: 88% und nein: 12%
Daten: 200 Teilnehmer
Referenz: Tversky, Kahneman 1981

und

Sie haben vor wenigen Tagen eine Eintrittskarte fürs Theater am Ticket-Counter für 10 Euro erworben. Vor dem Theater angekommen, bemerken Sie, dass Sie Ihre Karte verloren haben. Kaufen Sie eine neue Eintrittskarte für 10 Euro?

Antworten: ja: 46% und nein: 54%
Daten: 183 Teilnehmer
Referenz: Tversky, Kahneman 1981

Ökonomisch betrachtet sind beide Fälle identisch. An der Abendkasse stellen Sie einen Verlust in Höhe von 10 Euro fest. Sie müssen nun entscheiden, ob Sie erneut bereit sind, 10 Euro zu investieren, um das Theaterstück zu sehen, oder einen gemütlichen Abend zu Hause verbringen. Das Beispiel zeigt, dass die Mehrheit der Befragten im ersten Fall das Theaterstück besucht, im zweiten davon absieht. Warum? Die Antwort ist einfach, denn Menschen führen in beiden Situationen geistige Konten, in diesem Fall ein Kulturkonto und ein Geldkonto. Der Besuch des Theaterstücks sorgt für einen Anstieg des Kulturkontos (Kunstgenuss, kurzweilige Unterhaltung, vielleicht pflegen Sie auch soziale Kontakte). Dem kulturellen Wert steht der Preis der Theaterkarte gegenüber. In der zweiten Situation sind die Kosten für das kulturelle Erlebnis bereits vom Kulturkonto abgebucht, wenn Sie an der Abendkasse ankommen. Dadurch belastet der Kauf einer weiteren Eintrittskarte das Kulturkonto erneut, sodass Sie den Theaterbesuch plötzlich doppelt so teuer empfinden (20 Euro). Das ist der Mehrheit der Befragten offensichtlich zu viel. In der ersten Situation wurde der Verlust von 10 Euro auf dem Geldkonto verbucht (das Kulturkonto war noch nicht belastet). Das Beispiel zeigt, dass das Entscheidungsverhalten von Menschen durch das Führen verschiedener Konten ohne Berücksichtigung von Abhängigkeiten in ökonomischen Situationen beeinflussbar wird. Mental Accounting ist eine Tatsache, die uns in vielen Situationen begleitet, dazu ein weiteres **Beispiel**: Sie beabsichtigen den Kauf einer Jacke und eines Taschenrechners.

Die Jacke kostet 125 Euro, der Taschenrechner 15 Euro. Der Händler sagt Ihnen, dass Sie den Taschenrechner für 10 Euro in einer anderen Filiale erstehen können. Nehmen Sie einen 20-minütigen Weg auf sich, um das Sonderangebot wahrzunehmen?

Antworten: ja: 68% und nein: 32%
Daten: 93 Teilnehmer
Referenz: Tversky, Kahneman 1981

und

Die Jacke kostet 15 Euro, der Taschenrechner 125 Euro. Eine Verkäuferin weist Sie darauf hin, dass Sie den Taschenrechner für 120 Euro in einer anderen Filiale bekommen können. Investieren Sie 20 Minuten, um den Taschenrechner im anderen Geschäft der Handelskette zu kaufen?

Antworten: ja: 29% und nein: 71%
Daten: 88 Teilnehmer
Referenz: Tversky, Kahneman 1981

Auch hier sind die Situationen ökonomisch vergleichbar. In beiden Fällen können Sie 5 Euro sparen. Dafür müssen Sie allerdings mit einem Zeitaufwand von 20 Minuten rechnen, den Sie für den Weg von Filiale zu Filiale benötigen. Die Zeit, die Sie zusätzlich einsetzen, um die Ware im Geschäft zu finden und sich an der Kasse anzustellen, ist dabei noch nicht einmal berücksichtigt. Warum tun Sie das? Vermutlich liegt das daran, dass Sie im ersten Fall ein Drittel der Kosten bei der Anschaffung des Taschenrechners sparen. Das scheint Ihnen viel Geld zu sein, wohingegen Sie im zweiten Fall bei einer Ersparnis von 5 Euro gerade einmal 4 Prozent weniger bezahlen. Doch könnte auch ein anderer Grund dahinterstecken? Angenommen, Sie besitzen einen Euro und bekommen einen weiteren geschenkt. Dann ist der zweite Euro (emotional gesehen) sehr viel mehr wert, als wenn Sie bereits über 1000 Euro verfügen und dann einen weiteren geschenkt bekommen. Letztlich hängt die empfundene Wertigkeit von Geldbeträgen vom Bezugspunkt ab, die Erklärung werden Sie in Kapitel 2.3 finden. Wenn Sie die Vorgänge von Mental Accounting durchschaut haben, werden Sie Ihren Lebensstil und Ihr Vorgehen verändern. Sie werden dann den Wert eines Euro auch als einen Euro empfinden, unabhängig davon, ob er sich auf einem Konto befindet, unter dem Kopfkissen liegt, Sie ihn gefunden, geschenkt oder verdient haben.

Vielleicht empfinden Sie einen Euro von einem entfernten Verwandten als großzügig, von Ihrem Großvater jedoch als geizig. Wussten Sie, dass auch 10 Prozent nicht immer gleich 10 Prozent sind? Rein rechnerisch natürlich, doch spielt auch in diesem Fall die emotionale Bewertung eine wichtige Rolle. Tversky und Kahneman (1981) haben festgestellt, dass Menschen bei einem Kaufpreis von 150 Euro eher um 15 Euro feilschen als um 5 Euro bei einer 50-Euro-Anschaffung.

Mental Accounting reduziert komplexe Situationen wirkungsvoll, dennoch könnte das für Sie als Anleger oder Trader mit unangenehmen Folgen verbunden sein. Eine Vernachlässigung von Risiko-Abhängigkeiten führt vielleicht dazu, dass Sie Risiken falsch einschätzen oder Gewinnchancen ungenutzt lassen.

Bei vielen verschiedenen Konten geraten Sie leicht in Versuchung, den Konten unterschiedliche Bedeutung beizumessen. So könnte es z. B. sein, dass Sie ein Depot mit Ihren Verliereraktien führen, auf einem zweiten Konto Kapital sammeln, mit dem Sie risikofreudiger traden, auf einem weiteren Futures-Trading betreiben und auf wieder einem anderen das Geld einer Erbschaft haben, das Ihnen als Notgroschen dient. Schließlich haben Sie noch ein Privatkonto, ein Geschäftskonto und ein Festgeldkonto. So können Sie keinen Überblick über Ihre finanzielle Situation gewinnen. Den sollten Sie allerdings zu jeder Zeit haben, da Ihr Gesamtkapital ein wichtiger Teil der Ihnen zur Verfügung stehenden Energie ist.

Die Streuung auf verschiedene Konten wird vermutlich auch dazu führen, dass Ihr Gesamtkapital »schleichend« kleiner wird. An einem Tag verlieren Sie beim Futures-Trading 500 Euro, an einem anderen geben Ihre Verliereraktien weitere 4 Prozent nach. Damit Sie den Überblick behalten, sollten Sie Ihr Gesamtkapital nach Möglichkeit auf wenigen Konten zusammenführen. Vielleicht gelingt es Ihnen, ein Konto für Ihre Trading-Geschäfte zu führen und ein weiteres für alle anderen Geldangelegenheiten. Wählen Sie für Ihr Konto eine Online-Bank, die Ihnen bereits auf der Begrüßungsseite Ihr Gesamtguthaben anzeigt (Konto, Wertpapierdepot, Kreditkarte). Diese Art der transparenten Kontoinformation schärft Ihren Blick fürs Ganze.

2.2.3 Verfügbarkeit und Wahrnehmung von Informationen

Behavioral-Finance-Experten sollten auch die **Verfügbarkeitsheuristik** (engl. = **availability bias**) kennen. Worum geht es dabei? Sie werden im Laufe Ihres Lebens festgestellt haben, dass manche Informationen leicht, andere wiederum schwieriger zu bekommen sind. Denken Sie z. B. an die fundamentalen Daten eines Unternehmens, die für die meisten Menschen trotz intensiver Recherche nur teilweise zugänglich sind. Selbst wenn Sie die neuesten Fakten auf der firmeneigenen Homepage regelmäßig geradezu aufsaugen, die gängigen Finanzportale besuchen oder die verschiedenen Finanzmedien nutzen, haben Sie keine Gewähr, Veränderungen zeitnah, geschweige denn als Erster zu erfahren. Sicherlich spielt es auch eine Rolle, dass Sie nicht rund um die Uhr verfügbar sind (vielleicht arbeiten Sie tagsüber oder sind unterwegs, z. B. auf Dienstreise oder im Urlaub). So versteht es sich von allein, dass Privatanleger in den überwiegenden Fällen die den Aktienkurs nachhaltig beeinflussenden Informationen zu spät oder überhaupt nicht erhalten. Ihre Aufgabe liegt nun darin, abzuwägen, ob Sie bereit sind, das Risiko dieser eingeschränkten Verfügbarkeit zu tragen. Wie groß ist die Gefahr, dass eine nicht wahrgenommene Nachricht starken Einfluss auf Ihre Kapitalanlage hat? Sie können

Ihren Anlagehorizont bereits bei der Auswahl Ihres Portfolios festlegen, so z. B. Branchen bevorzugt wählen, die weniger volatil sind.

Neben der Verfügbarkeit spielt allerdings auch die **Wahrnehmung von Informationen** eine wichtige Rolle. Gut vorstellbare, konkrete oder auch emotional gefärbte Nachrichten werden stärker gewichtet als vielleicht abstrakte Daten (in Goldberg, von Nitzsch 2004). Darüber hinaus sehen Menschen gern ihre Meinung bestätigt. Der Behavioral-Finance-Experte nennt das **Bestätigungsneigung** (engl. = **confirmation bias**). Menschen reagieren auf neue Informationen in der Regel so, dass sie ihre bestehende Einschätzung nicht verändern müssen. Informationen, die für die eingenommene Haltung sprechen, werden daher stärker gewichtet als jene, die sich mit der bestehenden Einschätzung nicht vereinbaren lassen. Dieses Verhalten verhindert, dass Dissonanz überhaupt entstehen kann. Menschen suchen daher gezielt nach Informationen, die ihre Einschätzung bestätigen.

Darüber hinaus ist die Reihenfolge von Nachrichten von großer Wichtigkeit, denn in der Regel wird der zuletzt genannten Information sehr viel mehr Aufmerksamkeit geschenkt. Das ist verständlich, denn der letzten Information wird aufgrund der besseren Erinnerungsfähigkeit stärkeres Gewicht verliehen. Sie ist das Aktuellste, das Sie erreicht hat (**Rezenzeffekt**, engl. = **recency effect**). Sie wissen nun, dass Sie über die Reihenfolge ebenfalls manipulierbar sind. Wie oft wurden Sie schon gefragt: »Erst die gute oder die schlechte Nachricht?«

Trader z. B. könnten folgende Nachrichten unterschiedlich wahrnehmen:

20 Prozent der Explorationsunternehmen vor dem Aus, Goldpreis auf historischem Höchststand!

und

Goldpreis auf historischem Höchststand, 20 Prozent der Explorationsunternehmen vor dem Aus!

Im ersten Fall liegt die Betonung auf der Entwicklung des Goldpreises, vielleicht ein Anreiz für Sie, zu investieren? In der zweiten Darstellung steht die Entwicklung der Explorationsgesellschaften im Vordergrund. Danach scheint die Branche eher angeschlagen. Vielleicht wird aber auch nur eine Information weggelassen, denn eventuell werden die Unternehmen aufgekauft und ganz andere Ziele verfolgt.

Der Rezenzeffekt wirkt allerdings nicht immer, denn in vielen Fällen ist der erste Eindruck entscheidend. Wenn der ersten Information mehr Gewicht gegeben wird, spricht man vom **Primäreffekt** (engl. = **primacy effect**). Dieser Effekt wirkt besonders dann, wenn neue, sehr positive oder negative Informationen verbreitet werden, da diese einen starken Eindruck hinterlassen. Der Primäreffekt ist oft mit Überreaktionen verbunden. Die Nachricht von Zinssenkungen wird an der Börse in der Regel durch stark steigende Indizes begleitet. Der Begründung, warum ein Zinsschritt notwendig war (z. B. Inflation, drohende Rezession), wird weniger Bedeutung beigemessen.

2.2.4 Anker setzen

Schnelle Urteile sind öfter gefragt, als den meisten Menschen lieb ist, denn Entscheidungen haben auch eine zeitliche Komponente. In einem ersten Schritt haben Sie sinnvollerweise die Komplexität der Situation herabgesetzt (Vereinfachung, Mental Accounting, Verfügbarkeitsheuristik). Die folgenden Heuristiken werden Ihre Geschwindigkeit bei der Bewertung deutlich erhöhen.

Die **Verankerungsheuristik** (engl. = **anchoring**) erfreut sich in diesem Zusammenhang größter Beliebtheit. Menschen orientieren sich gern an Bezugspunkten (Anker) und passen den Wert danach unter Berücksichtigung weiterer Informationen an. Behavioral-Finance-Experten sprechen dann von Anchoring and Adjustment (engl. = **ankern und anpassen**). Die Idee ist an sich gut, denn das Urteil sollte schnell erfolgen. Untersuchungen belegen jedoch, dass Anpassungsprozesse in der Regel unzureichend sind, da der Anker ein zu großes Gewicht hat, wie zwei **Beispiele** zeigen:

Studierende sollten eine Aufgabe lösen, die darin bestand, den prozentualen Anteil der afrikanischen Staaten an den Vereinten Nationen zu schätzen. Dazu wurden Gruppen gebildet und für jede Gruppe wurde eine Zufallszahl zwischen 0 und 100 mithilfe eines Glücksrads ermittelt. Die Zahl für die erste Gruppe war 10, für die zweite Gruppe 65. Die Teilnehmer wurden nun aufgefordert, das Ergebnis zu schätzen.

Wie hoch schätzen Sie den prozentualen Anteil afrikanischer Staaten an den Vereinten Nationen?			
Zufallszahl: 10		**Zufallszahl**: 65	
Antwort: 25%		**Antwort**: 45%	
Daten: 88 Teilnehmer			
Referenz: Tversky, Kahneman 1974			

Das Ergebnis war überraschend, denn die vom Glücksrad zufällig ermittelte Zahl hatte eine erhebliche Auswirkung auf die Schätzung. In der ersten Gruppe (mit der Zufallszahl 10) lag die durchschnittliche Schätzung des Anteils der afrikanischen Staaten an den Vereinten Nationen bei 25 Prozent. In der anderen Gruppe mit dem Zufallswert von 65 waren die gemittelten Schätzungen mit 45 Prozent deutlich höher. Das bedeutet, dass eine vermeintlich belanglose Zufallszahl das Entscheidungsvermögen von Menschen offensichtlich nachhaltig beeinflussen kann.

Ein weiteres **Beispiel** verdeutlicht Anchoring anhand einer Rechenaufgabe. Die Teilnehmer wurden erneut in zwei Gruppen eingeteilt und mussten sehr schnell (innerhalb von 5 Sekunden) das Ergebnis einer Multiplikationsaufgabe schätzen.

$1 \cdot 2 \cdot 3 \cdot 4 \cdot 5 \cdot 6 \cdot 7 \cdot 8 =$		$8 \cdot 7 \cdot 6 \cdot 5 \cdot 4 \cdot 3 \cdot 2 \cdot 1 =$
Antwort: ø 512		**Antwort**: ø 2250
Referenz: Tversky, Kahneman 1974		

Die erste Gruppe schätzte das Produkt (beginnend mit $1 \cdot 2 \cdot$ ...) durchschnittlich auf 512, die zweite Gruppe, die die absteigende Zahlenreihe erhalten hatte, im Durchschnitt auf 2250. Letztlich waren beide Gruppen weit vom tatsächlichen Ergebnis entfernt (40320). Das Beispiel zeigt, dass sich beide sehr schnell Anker setzten und sich offensichtlich an den ersten Zahlen der Rechenaufgabe orientierten. Möglich, dass die Teilnehmer nicht sofort wahrgenommen hatten, dass es sich um eine Multiplikationsaufgabe handelte. Letztlich reichte die Zeit nicht aus, um die Aufgabe zu lösen. Daher mussten die Versuchsteilnehmer eine Schätzung abgeben. Die erste Gruppe hatte vermutlich gerade Zeit, um $1 \cdot 2 \cdot 3 \cdot 4 = 24$ zu rechnen, wohingegen die andere vielleicht 8 mit 7 multiplizierte (Anker von 56) und so beide Gruppen zu unterschiedlichen Ankern kamen. Die starken Fehleinschätzungen waren auf zu schwach ausgeprägte Anpassungsprozesse zurückzuführen.

2.2.5 Unwahrscheinliche Wahrscheinlichkeit

Die Ausbildung zum Behavioral-Finance-Experten schließt mit absoluter Sicherheit Crash-Kurse in Statistik und Wahrscheinlichkeitsrechnung ein. Beide Disziplinen sind bei schnellen Urteilen gefragt, vor allem wenn es um **Repräsentativitätsheuristiken** (engl. = **representativeness**) geht (Tversky, Kahneman 1974).

Viele Menschen greifen bei Bewertungen allerdings auch auf Erfahrungen zurück, die Sachverhalte verzerren können. So wird beim Anblick eines Manns mit Anzug, Krawatte und Aktenkoffer gegebenenfalls angenommen: »Das ist bestimmt ein Mitarbeiter einer Bank, ein Versicherungsvertreter oder ein Rechtsanwalt.« Bemerkenswert daran ist, dass manche Sichtweisen bereits so eingefahren sind, dass die Menschen teilweise dogmatisch an einer ungeprüften Verknüpfung festhalten und die eigene Meinung sich und anderen als Tatsache »verkaufen«. Dabei ist es doch viel leichter, sich an die Fakten zu halten (»ein Mann mit einem Aktenkoffer«). Die Mathematik ist immer dann hilfreich, wenn bei der Beurteilung von Situationen Zahlen bedeutsam sind.

»Kopf (K) oder Zahl (Z)« ist der begleitende Spruch beim Münzwurf, einem Spiel mit einer 50-prozentigen Gewinnchance. Die meisten Menschen wissen das auch (wenigstens zu Beginn des Spiels), doch sobald z. B. eine Serie von fünfmal Kopf kommt, nehmen viele an, dass Zahl

»fallen muss«, da das Ereignis »Zahl« zunehmend wahrscheinlicher wird. Das allerdings ist ein Trugschluss, der **Gambler's Fallacy** (engl. = **Trugschluss des Spielers**) genannt wird, denn mit jedem neuen Münzwurf liegt die Wahrscheinlichkeit für Gewinn und Verlust erneut bei 50 Prozent. Tversky und Kahneman (1974) haben z.B. festgestellt, dass die Reihenfolge KZKZZK für wahrscheinlicher gehalten wurde als KKKZZZ, darüber hinaus KKKKZK als noch unwahrscheinlicher angesehen wurde. Dabei beträgt die Wahrscheinlichkeit für alle drei Ereignisse jeweils $\frac{1}{2} \cdot \frac{1}{2} \cdot \frac{1}{2} \cdot \frac{1}{2} \cdot \frac{1}{2} \cdot \frac{1}{2} = 1,5625$ Prozent.

Sie sollten dieses Wissen verinnerlichen, denn auch Märkte können tagelang steigen und ebenso wochenlang fallen. Das Bewusstsein dafür spielt eine wichtige Rolle bei Ihren Entscheidungen.

Weit verbreitet ist auch das **Überschätzen von geringen Wahrscheinlichkeiten**, dazu zwei **Beispiele**. Wofür entscheiden Sie sich?

eine 1:1000-Chance auf 5000 Euro	ein sicherer Gewinn von 5 Euro
Antwort: 72%	**Antwort**: 28%
Daten: 72 Teilnehmer	
Referenz: Kahneman, Tversky 1979	

und

ein 1:1000-Verlustrisiko (5000 Euro)	ein sicherer Verlust von 5 Euro
Antwort: 17%	**Antwort**: 83%
Daten: 72 Teilnehmer	
Referenz: Kahneman, Tversky 1979	

In beiden Spielen geht es letztlich um Gewinn und Verlust in gleicher Höhe.

Die Mehrheit der Teilnehmer entschied sich für die Chance, mit einer Wahrscheinlichkeit von 0,1 Prozent 5000 Euro zu gewinnen, was wohl auf die Überbewertung einer geringen Wahrscheinlichkeit zurückzuführen ist, vielleicht auch darauf, dass für viele Menschen 5 Euro »kein« Geld sind. So treibt die Überbewertung geringer Wahrscheinlichkeiten wöchentlich viele Menschen in die Lottoannahmestellen. Vielleicht spielt Gier dabei auch eine Rolle? Lottospieler träumen regelmäßig vom großen Gewinn, vernachlässigen die Schulkenntnisse in Wahrscheinlichkeitsrechnung und zahlen darüber hinaus auch noch einen überhöhten Preis für den Tippschein, denn nur ein bestimmter Prozentsatz wird auch wieder ausgeschüttet.

Die übergroße Furcht vor einem 5000-Euro-Verlust war wohl ebenfalls auf eine Überbewertung zurückzuführen (0,1-prozentiges Risiko). Im Gegensatz zu den meisten Entscheidungen des täglichen Lebens waren in diesem Beispiel ein wenig Rechenkunst und vielleicht auch gesunder Menschenverstand gefragt, da Chance und Risiko von vornherein feststanden. Die Neigung zur Überschätzung geringer Risiken ist in vielen Lebensbereichen stark ausgeprägt, wovon z.B. die Versicherungsbranche lebt. Der oft überversicherte Mensch entscheidet sich für einen sicheren Verlust (Versicherungsprämie). Er kauft also Sicherheit, weil er die geringe Wahrscheinlichkeit für das Eintreten eines Versicherungsfalls überbewertet.

Gambler's Fallacy stellt für die meisten Spieler und auch Trader ein großes Problem dar. Offensichtlich haben viele von unwahrscheinlichen Lottogewinnen geträumt, als Wahrscheinlichkeitsrechnung in der Schule durchgenommen wurde. Das Einschätzen von Wahrscheinlichkeiten spielt bei Entscheidungen unter Unsicherheit eine große Rolle.

2.2.6 Sicherheit geht vor

Der Wunsch eines jeden Traders ist, ein Gewinn-Verlust-Verhältnis von 100 zu null zu erreichen. Das bedeutet, dass Verluste gar nicht erst einkalkuliert werden, wohingegen Gewinne mit absoluter Sicherheit vorgesehen sind. Trader werden daher bereits eine 1-prozentige Änderung ihrer Gewinnerwartung von 100 auf 99 Prozent bewusst wahrnehmen, weil die absolute Sicherheit verloren geht. Ob ein Ereignis mit einer Wahrscheinlichkeit von 72 oder 71 Prozent eintritt, spielt für die meisten Menschen keine Rolle.

Menschen neigen dazu, absolute Sicherheit im Vergleich zu unsicheren Ereignissen überzubewerten (**certainty effect**, engl. = **Sicherheitseffekt**). Die Versicherungsbranche lebt davon, denn der Mensch stuft alles Unsichere schlechter ein als (die oft teuer erkaufte) Sicherheit. Dazu zwei **Beispiele**:

33-prozentige Chance auf 2500 Euro	ein sicherer Gewinn von 2400 Euro
66-prozentige Chance auf 2400 Euro	
1-prozentige Chance auf 0 Euro	
Antwort: 18%	**Antwort**: 82%

Daten: 72 Teilnehmer
Referenz: Kahneman, Tversky 1979

Was haben sich die 82 Prozent gedacht, die den sicheren Gewinn von 2400 Euro gewählt haben? Die Argumentation könnte folgende sein: 2500 Euro sind auch nicht so viel mehr als 2400 Euro (der Unterschied wird kaum wahrgenommen, obwohl das einer Steigerung von über 4 Prozent entspricht) und das Risiko, »leer« auszugehen, wird gern vermieden.

ein sicherer Gewinn von 30 Euro	80-prozentige Chance auf 45 Euro
Antwort: 78%	**Antwort**: 22%

Daten: 77 Teilnehmer
Referenz: Tversky, Kahneman 1981

Eine immerhin 80-prozentige Chance auf eine 50 Prozent höhere Rendite (45 Euro anstatt 30 Euro) reicht für 78 Prozent der Teilnehmer dieser Umfrage nicht aus, den sicheren Gewinn abzulehnen. Das zeigt, wie hoch das Sicherheitsbedürfnis von Menschen ausgeprägt ist.

Inwieweit kann Kontrolle das Gefühl von Sicherheit unterstützen? Kontrolle hat im Leben der meisten Menschen einen festen Platz. Ausgeliefertsein wird als unangenehm empfunden. Daher befinden sich Menschen lieber in Situationen, die sie kontrollieren können. Zur Befriedigung des Kontrollbedürfnisses kommt es nicht darauf an, ob man die Situation tatsächlich im Griff hat oder sich das nur einbildet. Die Überzeugung, Kontrolle zu haben, reicht den meisten Menschen aus (Goldberg, von Nitzsch 2004).

Wenn Menschen glauben, eine Situation zu beherrschen, obwohl das in der Realität nicht der Fall ist, wird das **Kontrollillusion** (engl. = **illusion of control**) genannt. Problematisch wird Kontrollillusion dann, wenn Sie einen zu großen Trade eingehen und die damit verbundenen Risiken unterschätzen.

Kontrollillusion tritt auch auf, wenn die Möglichkeit besteht, selbstständige Entscheidungen zu treffen. Menschen denken, dass sie eine höhere Gewinnchance haben, wenn sie ihre Lottozahlen selbst auswählen, im Gegensatz zu denen, die sie zufällig vorgegeben bekommen. In Anlagefragen gilt das genauso, denn Anleger, die ihre Entscheidungen ohne Beratung selbstständig treffen, unterliegen möglicherweise ebenfalls einer Kontrollillusion. Menschen neigen dazu, ein übermäßiges Vertrauen in die eigenen Fähigkeiten zu setzen. Je größer das Vertrauen, desto eher besteht die Gefahr von **Selbstüberschätzung** (engl. = **overconfience**). Das gilt besonders dann, wenn Menschen denken, sie beherrschen ein Gebiet oder sind aufgrund ihrer Erfahrung und ihres Wissensstands besonders kompetent. Die Zusammenhänge an der Börse sind komplex und bestimmt nicht durchschaubar. Nehmen Sie also die Risiken eines Trades oder einer Anlage wahr. Auch wenn Sie immer wieder den »richtigen Riecher« haben, ist das keine Garantie für weitere Erfolge, denn Sie könnten einfach nur Glück gehabt haben.

Kontrollillusion ist nicht nur auf die Befriedigung des Kontrollbedürfnisses zurückzuführen. Der **Rückschau-Fehler** (engl. = **hindsight bias**) beschreibt ein menschliches Verhalten, das ungefähr dem Ausspruch »Ich hab's doch gewusst« entspricht. Menschen glauben tatsächlich, dass sie vor dem Eintreffen eines bestimmten Ereignisses eigentlich in der Lage sind, den Ausgang des Ereignisses vorauszusehen. Dabei überschätzen sie ihre eigenen Fähigkeiten. Gerade bei Anlageentscheidungen heißt es gern im Nachhinein: »Das war doch klar, dass die Kurse weiter steigen.« Fraglich ist dann allerdings, warum diese Anleger ihre Aktien verkauft haben. Menschen behaupten sogar, die Ereignisse vorausgesehen zu haben, obwohl sie sich manchmal nicht einmal an ihre eigenen Prognosen erinnern. Der Hindsight Bias könnte auch dazu führen, dass im Rückblick auf vergangene, eigentlich zufällige Ereignisse Regelmäßigkeiten oder klare Trends hineininterpretiert werden, die dann bei zukünftigen Einschätzungen zu Verzerrungen führen. Der Rückschau-Fehler beruht wahrscheinlich auch auf der menschlichen Tendenz, sich vor anderen positiv darzustellen und die eigenen Kenntnisse und Fähigkeiten hervorzuheben. Der Hindsight Bias kann auch als nachträgliche Kontrollillusion angesehen werden (Goldberg, von Nitzsch 2004).

Menschen, die spüren, dass es keine Kontrolle gibt, haben oft eine ausgeprägte **Risikoaversion** (engl. = **risk aversion**). Die anderen, die glauben, Risiken zu beherrschen oder kontrollieren zu können, verhalten sich in der Regel risikofreudiger.

2.3 Prospect-Theorie

Menschen wählen einen **Bezugspunkt** bei der **Bewertung** von Ereignissen. Der Bezugspunkt beim Kauf einer Aktie ist z. B. der Kaufkurs. Steigt die Aktie, bewertet der Trader das als Gewinn, im anderen Fall als Verlust. Bewegt sich die Aktie um den Kaufkurs, wird das Ergebnis als neutral angesehen.

Kahneman und Tversky (1979) entwickelten die **hypothetische Wertfunktion**, die den in Abbildung 4 wiedergegebenen Verlauf aufweist. Im Koordinatenursprung liegt der Bezugspunkt, rechts davon bewerten Menschen Situationen positiv (relativer Gewinn). Links vom Bezugspunkt erfolgt eine negative Einschätzung (relativer Verlust). Gewinn und Verlust entstehen also erst durch Bewertung und das Festlegen eines Bezugspunkts.

Der empfundene Wert nimmt für einen gleichen Geldbetrag mit zunehmender Entfernung vom Bezugspunkt ab. Nahe am Koordinatenursprung sorgt ein Gewinn von z. B. 5 Euro dafür, dass wir der Vermehrung des Geldes einen hohen Wert zuschreiben. Das ist auch leicht einzusehen.

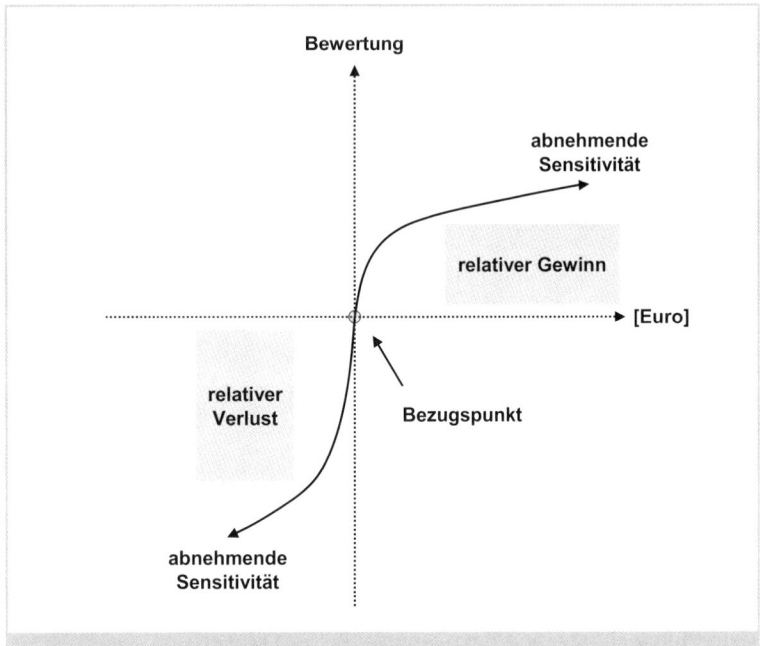

Abb. 4: Wertfunktion – modifiziert nach Goldberg und von Nitzsch (2004), zurückgehend auf die hypothetische Wertfunktion von Kahneman und Tversky (1979)

Wenn Sie z.B. 2 Euro besitzen und 5 Euro geschenkt bekommen, entspricht das einem Gewinn von 150 Prozent. Die gleichen 5 Euro fallen jedoch kaum ins Gewicht, wenn Sie bereits 2000 Euro Ihr Vermögen nennen. Der Bezugspunkt beeinflusst menschliches Entscheidungsverhalten mehr, als Sie vielleicht annehmen. Wenn Sie z.B. vor die Wahl gestellt werden, einen DVD-Player für 80 Euro im Einzelhandel in der Nachbarschaft oder in einem 10 Kilometer entfernten Supermarkt (dort allerdings im Angebot für 50 Euro) zu kaufen, werden Sie den Weg auf sich nehmen, schließlich sparen Sie 30 Euro. Bei einem Artikel für 1050 Euro ist es weniger wahrscheinlich, dass Sie für eine 30-Euro-Ersparnis zum weiter entfernten Supermarkt fahren.

2.3.1 Relative Bewertung

Die Abbildungen 5 und 6 zeigen den Kursverlauf einer Aktie als Kerzenchart. Privatanleger I und II kaufen zum gleichen Zeitpunkt und sehen
sich jeden Abend nach Börsenschluss das Tagesergebnis an, mehr noch,
denn beide Aktionäre bewerten auch die jeweiligen Schlusskurse. Der
Anleger I orientiert sich immer am Schlusskurs des Vortags, der Anleger
II hingegen wählt den Kaufkurs als Bezugspunkt.

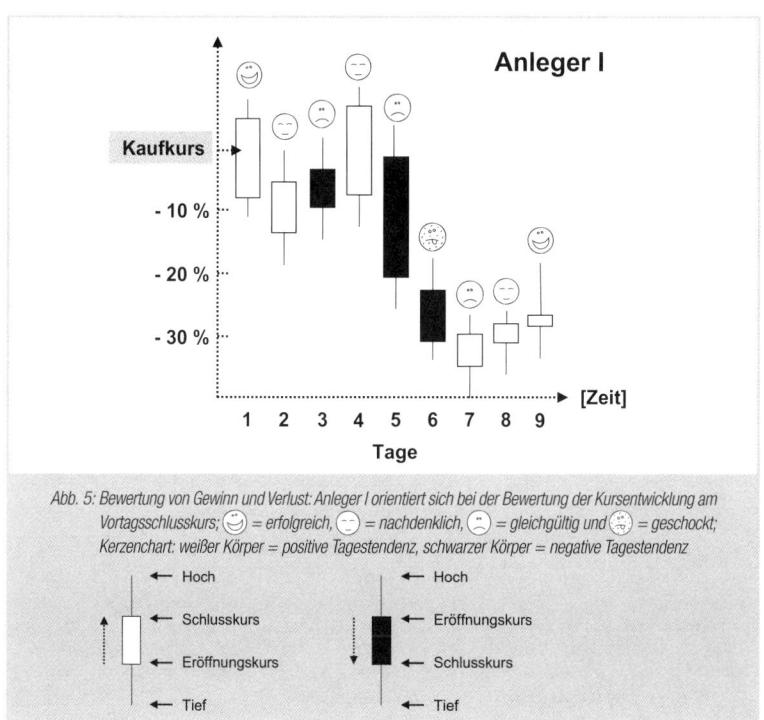

Abb. 5: Bewertung von Gewinn und Verlust: Anleger I orientiert sich bei der Bewertung der Kursentwicklung am
Vortagsschlusskurs; ☺ = erfolgreich, ☺ = nachdenklich, ☺ = gleichgültig und ☺ = geschockt;
Kerzenchart: weißer Körper = positive Tagestendenz, schwarzer Körper = negative Tagestendenz

Zunächst zu Anleger I, der schnell den Bezug zum Kaufkurs verliert, da
sein Maßstab der Schlusskurs des Vortags ist. Damit ändert er täglich sei-
nen Bezugspunkt. Jede Bewegung des Aktienkurses ist mit einer Emotion

verbunden. Dabei werden zur vereinfachten Darstellung vier emotionale Stufen (erfolgreicher, nachdenklicher, gleichgültiger und geschockter Trader) unterschieden. Am Tag des Kaufs schließt die Aktie über dem Kaufkurs, also ein erfolgreicher Tag, doch schon die nächsten beiden Tage fällt der Kurs und nach einem kleinen Zwischenhoch sinkt der Aktienkurs deutlich auf zwischenzeitlich minus 30 Prozent (gegenüber dem Einstiegskurs). Der Anleger ist geschockt. (Im normalen Trading-Alltag haben Sie Ihr Kapital durch einen geschickt gewählten Stoppkurs gesichert, von daher sollte Ihnen die Situation fremd sein, oder?) Was nun passiert, ist das Prinzip Hoffnung. Obwohl sich die Situation in den letzten drei Tagen der Betrachtung kaum verbessert, erhellt sich die emotionale Verfassung des Traders, da die Kurse täglich steigen.

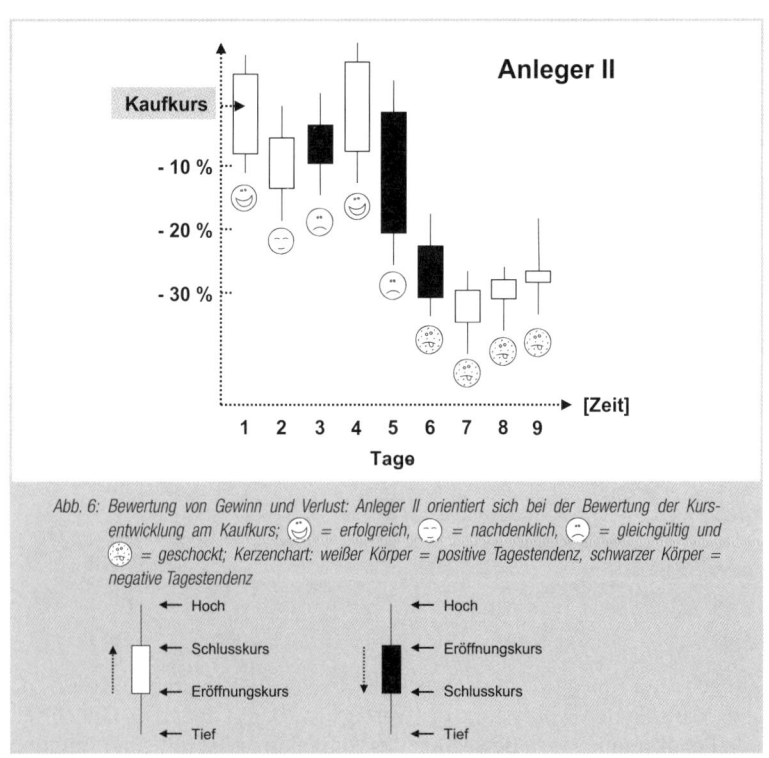

Abb. 6: Bewertung von Gewinn und Verlust: Anleger II orientiert sich bei der Bewertung der Kursentwicklung am Kaufkurs; ☺ = erfolgreich, ☺ = nachdenklich, ☺ = gleichgültig und ☺ = geschockt; Kerzenchart: weißer Körper = positive Tagestendenz, schwarzer Körper = negative Tagestendenz

Anleger II orientiert sich dagegen immer am Kaufkurs. Sobald der Aktien-kurs höher als der Kaufkurs ist, empfindet dieser Anleger Erfolg. Bei Ver-lusten wird er schnell nachdenklich, schließlich gleichgültig, vielleicht ist er auch geschockt. Der Bezugspunkt bleibt über die Zeit stabil. Als Schutz vor Verlusten sollte der Anleger einen sinnvollen Stoppkurs festlegen, der einerseits die Gegebenheiten der Charttechnik berücksichtigt und ande-rerseits auch seiner emotionalen Verfassung Rechnung trägt. Manch ein Anleger wird einen Verlust von vielleicht 15 Prozent tolerieren, wohinge-gen ein anderer meint, dass 8 Prozent bereits zu viel sind.

Die Beispiele zeigen, dass Anleger ohne den Einsatz von Money-Manage-ment sowie einer Stoppkurs-Strategie schnell den Überblick verlieren. Ihre emotionalen Bewertungen sind kein Ersatz für eine auf ihre Persön-lichkeit abgestimmte Strategie. Das Verhalten von Anleger I ist beson-ders fahrlässig, da die tägliche Bewertung von Vortagsschlusskursen mit einem schleichenden Realitätsverlust (in Bezug auf das eingesetzte Kapi-tal) einhergeht.

2.3.2 Schmerzende Verluste

Wie gehen Sie mit den Veränderungen Ihres Depotwerts um? Stellen Sie sich vor, Sie haben Aktien für 10 000 Euro (Bezugspunkt) gekauft. Die zwei grundsätzlichen Situationen von Gewinn und Verlust sind in Abbil-dung 7 dargestellt: Ihr Depotwert könnte um 1000 Euro steigen. Ihre Freu-de darü-ber ist groß, Ihr Selbstwertgefühl steigt. Andererseits könnte Ihre Anlage auch an Wert verloren haben, sodass Sie einen (wenn auch nicht realisierten) Verlust von 1000 Euro haben. Die Empfindungen von Freude und Schmerz spüren Sie bereits, wenn Sie einen Blick in Ihr Depot werfen.

Wie Sie in der Abbildung sehen können, ist es sehr viel schwerer, mit Verlusten umzugehen als mit Gewinnen. Logisch, werden Sie sagen, denn Verluste schmerzen. Verluste tun in der Regel sehr weh und haben eine schätzungsweise doppelt so starke Wirkung. Die Wertfunktion zeigt Ihnen, warum das so ist. Menschen bewerten Verluste sehr viel stärker als Gewinne. Die Folge davon ist, dass sie mit Gewinnen und Verlusten unterschiedlich umgehen, obwohl es in beiden Fällen um 1000 Euro geht. Die unterschiedliche Bewertung führt dazu, dass sie Verluste vermeiden.

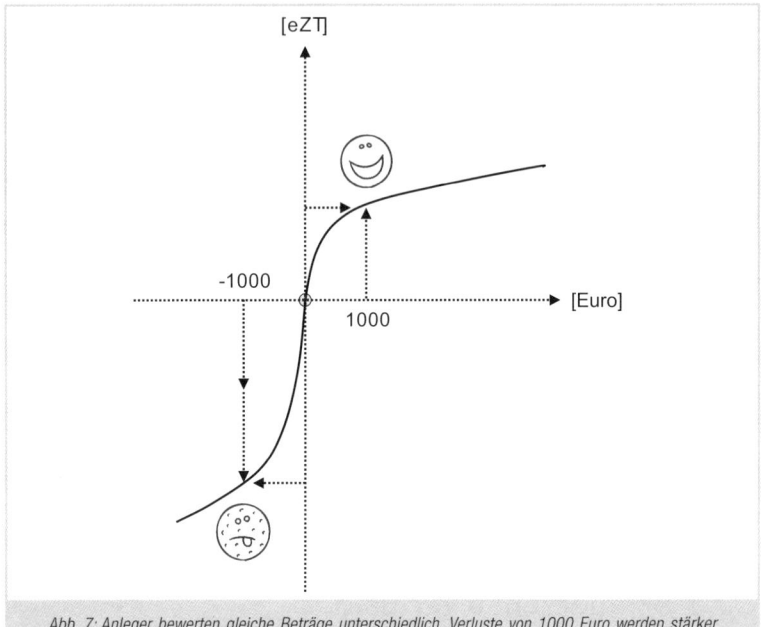

Abb. 7: Anleger bewerten gleiche Beträge unterschiedlich. Verluste von 1000 Euro werden stärker empfunden als 1000 Euro Gewinn; eZT = emotionaler Zustand des Traders, 😊 = erfolgreich und 🙁 = geschockt

Der Behavioral-Finance-Experte nennt dieses Verhalten **Verlustabneigung** (engl. = **loss aversion**). Anleger versuchen, diese Empfindung unter allen Umständen zu vermeiden. Wenn Ihnen also die Kraft und/oder Disziplin fehlen, Verlustbringer abzustoßen, könnten Ihnen Stoppkurse hilfreich sein. Da auch das Ausgestopptwerden Schmerzen bereitet, wird auf Stoppkurse gern verzichtet und damit die Risikobereitschaft im Verlustbereich erhöht. Auch das ist leicht nachzuvollziehen, wie Abbildung 8 zeigt.

2.3.3 Gewinnmitnahme oder Aussitzen von Verlusten

Was empfinden Anleger bei weiteren Gewinnen? Stellen Sie sich vor, Ihre Wertanlage entwickelt sich richtig gut. Ihre Gewinne sprudeln und aus

Ihren anfänglichen 1000 Euro Gewinn werden 2000 Euro und schließlich sogar 3000 Euro. Die Gewinne werden Ihnen guttun, doch werden Sie nicht mehr die gleiche Freude empfinden wie bei den ersten 1000 Euro. Das ist auch der Grund dafür, warum Gewinne relativ früh realisert werden.

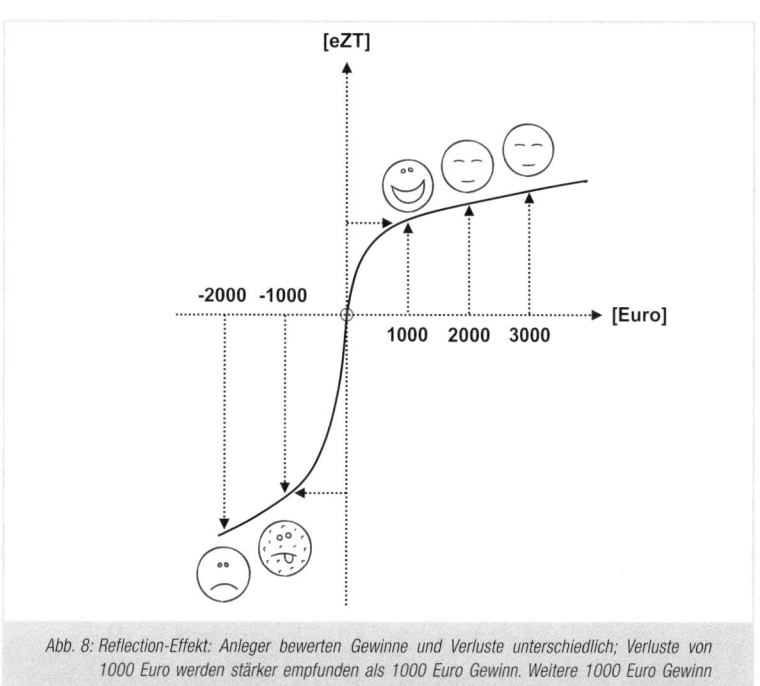

Abb. 8: Reflection-Effekt: Anleger bewerten Gewinne und Verluste unterschiedlich; Verluste von 1000 Euro werden stärker empfunden als 1000 Euro Gewinn. Weitere 1000 Euro Gewinn oder Verlust haben eine abschwächende Wirkung auf die Bewertung. Daher werden Gewinne von 1000 Euro realisiert, wohingegen Verluste von 1000 Euro ausgesessen werden. eZT = emotionaler Zustand des Traders, ☺ = erfolgreich, ☺ = nachdenklich, ☺ = gleichgültig und ☺ = geschockt

Menschen sind in gewisser Weise süchtig nach Erfolg (und den geben die zweiten und dritten 1000 Euro nicht mehr in dem Maße wie die ersten gewonnenen 1000 Euro). Vermutlich werden Anleger ihre Gewinne bereits nach den ersten 1000 Euro realisieren, obwohl das Verhältnis von Gewinnen zu Orderkosten zu einem späteren Zeitpunkt besser wäre. Ein neuer Entscheidungsprozess, wie das frei gewordene Kapital sinnvoll angelegt werden könnte, bliebe ihnen erspart. Erkennen Sie, dass dieses Verhalten Ihre Rendite schmälert.

Im Verlustbereich handeln Anleger renditevernichtend. Sind die ersten 1000 Euro schon schmerzhaft genug, haben die zweiten 1000 Euro Verlust eine weit weniger starke Wirkung. Abbildung 8 liefert Ihnen die Erklärung, warum Verluste so gern ausgesessen werden und letztlich die Risikobereitschaft über die Maßen zunimmt. Irgendwie schleicht sich eine Egal-Haltung ein. »Was soll es«, dann sind es eben 2000 oder 3000 Euro Verlust. Der Anleger geht fahrlässig mit seinem Kapital um. Wer in dieser Situation verkauft, kann wenigstens 9000 Euro »retten« und diese weiterhin einsetzen. Das machen allerdings die wenigsten Menschen. In der Regel erhöhen sie das Risiko, indem sie Stoppkurse »anpassen« oder weiteres Kapital einsetzen, um den Einstandspreis zu erniedrigen. Darüber hinaus hat der Anleger mit großer Wahrscheinlichkeit seine Emotionen nicht unter Kontrolle. Verlustabneigung verhindert eine angemessene Reaktion, z.B. den Verkauf des Verlustbringers oder das Glattstellen der Position.

Diese Umkehrung der Risikoeinstellung wird **Reflection-Effekt** (engl. = **reflection effect**) genannt. Sie wissen bereits aus Kapitel 2.2.6, dass sich die meisten Menschen bei positiven Ereignissen für Sicherheit entscheiden. In diesem Fall entspricht der sichere Gewinn 1000 Euro und wird wahrscheinlich auch realisiert. Sichere Verluste von 1000 Euro dagegen werden nicht realisiert. Wahrscheinlich werden auch noch höhere Verluste ausgesessen.

2.3.4 Rahmenprogramm

Wenn Sie einen Sachverhalt geschickt darstellen, können Sie sogar den Bezugspunkt manipulieren. Der Behavioral-Finance-Experte nennt das **Framing-Effekt** (engl. = **Einbettungseffekt**). Von Framing spricht man also, wenn Sie es schaffen, bei einem eindeutigen Sachverhalt unterschiedliche Entscheidungen hervorzurufen.

Stellen Sie sich vor, dass in den Vereinigten Staaten eine seltene asiatische Krankheit ausbrechen wird, der nach Schätzungen 600 Menschen zum Opfer fallen werden. Zwei verschiedene Programme werden vorgeschlagen, um die Krankheit zu bekämpfen. Bevorzugen Sie das Programm, bei dem

200 Menschen gerettet werden? **Oder**	mit 1/3 Wahrscheinlichkeit 600 Menschen gerettet werden und mit 2/3 Wahrscheinlichkeit niemand gerettet wird?
Antwort: 72%	**Antwort**: 28%

Daten: 152 Teilnehmer
Referenz: Tversky, Kahneman 1981

und

400 Menschen sterben werden? **Oder**	mit 1/3 Wahrscheinlichkeit niemand sterben wird und mit 2/3 Wahrscheinlichkeit 600 Menschen sterben werden?
Antwort: 22%	**Antwort**: 78%

Daten: 155 Teilnehmer
Referenz: Tversky, Kahneman 1981

Beide Darstellungen unterscheiden sich geringfügig: Tatsächlich suggerieren die Forschungsergebnisse, dass Sie im ersten Szenario wahrscheinlich die linke Variante gewählt hätten (bei denen 200 Menschen gerettet werden), im zweiten Szenario aber die rechte (bei der es eine 33,3-prozentige Chance gibt, dass kein Mensch sterben wird). Diese stark unterschiedlichen Entscheidungshaltungen sind bemerkenswert, da das Endergebnis das gleiche ist. Sie sehen, dass die Beschreibung eines Sachverhalts eine entscheidende Rolle spielen kann. Bei vielen Menschen hängt die Bewertung einer Information oder Situation ganz entscheidend von deren Präsentation ab. Eine positiv dargestellte sichere Alternative wirkt in der Regel attraktiver, wohingegen eine negativ angepriesene sichere Alternative trotz gleicher Aussage abschreckt.

2.3.5 Effekt des ausgegebenen Geldes

Das unterschiedliche Verhalten gegenüber Gewinnen und Verlusten führt bei den meisten Anlegern dazu, dass sie Gewinneraktien zu früh verkaufen und Verliereraktien zu lange halten. Wenn Sie sich für Sport interessieren, wissen Sie, dass ein erfolgreiches Team gern zusammengehalten wird und die Stars um (fast) jeden Preis gehalten werden, denn das sichert langfristigen Erfolg. Andernfalls ist nicht Bundesliga, sondern zweite oder vielleicht eine noch tiefere Liga angesagt. Der Behavioral-Finance-Experte nennt das unterschiedliche Verhalten gegenüber Gewinnen und Verlusten **Dispositionseffekt** (engl. = **disposition effect**). Ein weiterer Begriff, den Sie sich in diesem Zusammenhang merken sollten, ist der **Effekt des ausgegebenen Geldes** (engl. = **sunk cost effect**). Was hat es damit auf sich? Sunk-Cost-Effekt bedeutet, dass Sie eher bereit sind, weitere Investionen zu tätigen, wenn Ihnen in einer bestimmten Angelegenheit bereits Kosten entstanden sind. Das gilt bei Trading-Entscheidungen wie in anderen Lebensbereichen. Immer wenn Sie sich sagen hören: »Dann tue ich das eben auch noch, jetzt habe ich schon so viel Zeit und Geld da reingesteckt, da kommt es jetzt auch nicht mehr drauf an«, haben Sie es mit dem Sunk-Cost-Effekt zu tun. Oftmals sind die schmerzlichen Entscheidungen die sinnvolleren, z.B. sich von einem Liebhaberobjekt (das Ferienhaus in Spanien, das jährlich viele Tausend Euro an Reparaturkosten nach sich zieht), dem 15 Jahre alten Auto (das Sie immer wieder liebevoll und kostspielig auf den TÜV vorbereitet haben) oder auch von Verliereraktien in Ihrem Wertpapierdepot zu trennen. Auf den Dispositionseffekt bezogen entsprechen Sunk Costs übrigens dem Kursrückgang seit dem Kaufzeitpunkt. Das ist der Grund, warum viele Menschen dazu neigen, vielleicht doch noch ein paar weitere Aktien eines Verlustbringers zu kaufen. Der Sunk-Cost-Effekt bewirkt, dass Sie an erfolglosen Projekten festhalten, obwohl Sie bereits frühzeitig erkennen, dass ein Misslingen programmiert ist.

2.3.6 Überbewertung von Besitz

Der Behavioral-Finance-Experte komplettiert sein Wissen durch zwei weitere Begriffe, die sich aus der Erkenntnis der Prospect-Theorie ableiten. Menschen haben eine Vorliebe, Dinge so zu belassen, wie sie sind.

Letztlich handelt es sich regelrecht um einen Widerstand gegen Veränderung, den **Status-quo-Bias** (engl. = **Neigung zum Status quo**, Kahneman et al. 1991; Samuelsen, Zeckhauser 1988), und damit eng verbunden die Tendenz, Besitz geradezu zu lieben und damit auch überzubewerten (**Besitztumseffekt**, engl. = **endowment effect**, Kahneman et al. 1991). Menschen schreiben dem, was sie besitzen, einen höheren Wert zu, als sie z. B. bereit sind, anderen dafür zu bezahlen. Diejenigen, die gern an Dingen festhalten und denen Besitz viel bedeutet, sind selten bereit, aus dem Bauch heraus zu entscheiden, wenn es darum geht, persönlichen Besitz zu tauschen, zu verkaufen oder abzugeben. **Beispiel:** Sie kaufen ein Ölgemälde für 15 000 Euro, das bei der nächsten Feier in Ihrem Haus bewundert wird. Ein sehr guter Freund fragt Sie, ob er Ihnen das Bild abkaufen kann. Sie überlegen kurz und nennen ihm den Preis: 25 000 Euro. Der um 10 000 Euro höhere Preis ist so etwas wie das Schmerzensgeld dafür, dass Sie Ihren Besitz abgeben. Der Besitztumseffekt wirkt in einer Zeit, in der vieles im Wandel ist, wie ein Relikt aus alter Zeit. Er ist allerdings im Gehirn verankert. Dieser Effekt beinhaltet auch den Widerstand gegen Entwicklung und beeinträchtigt die Offenheit für Neues. Der Mensch verhaftet in Gewohnheiten, was auch vielfach beim Autokauf beobachtet werden kann, wenn Sie z. B. die gleiche Automarke über Jahre kaufen. Der Besitztumseffekt wird gerade auch von Händlern ausgenutzt, indem sie Ihnen Ware für einen gewissen Zeitraum zunächst zur Probe überlassen. Beim Zurückgeben wirkt dann der Besitztumseffekt, denn Sie wollen die Annehmlichkeit auch weiterhin genießen (Status-quo-Bias). Darüber hinaus könnte auch Verlustabneigung eine große Rolle spielen, obwohl Ihnen der Gegenstand gar nicht gehört.

Wenn Sie einmal Dinge bei eBay versteigert haben, werden Sie ein Stück weit den Besitztumseffekt hinter sich lassen, denn neben Angebot und Nachfrage wird Ihre Ware nur aus der Sicht anderer beurteilt. Ihnen bleibt nur die Möglichkeit festzustellen: »Aha, so viel ist ein anderer bereit, dafür zu zahlen.«

2.3.7 Einfluss von Zeit auf die Bewertung

Neben dem Einfluss von Wahrscheinlichkeiten wirkt auch Zeit nachhaltig bei der relativen Bewertung z. B. von Gewinn und Verlust. Die Gegenwart wird als Bezugspunkt gewählt. Mit zunehmender Entfernung von diesem Zeitpunkt nehmen Menschen Zeiträume in immer geringerem Maße wahr. Der Unterschied, ob sich etwas heute oder morgen ereignet, wird intensiv empfunden. Wenn sich jedoch eine Verabredung, die in einem Jahr stattfinden soll, um einen Tag verschiebt, sind die meisten Menschen davon unbeeindruckt. Das ist auf die abnehmende Sensibilität auf der zeitlichen Ebene zurückzuführen. So ist davon auszugehen, dass Menschen eine Ware oder Leistung lieber sofort als zu einem späteren Zeitpunkt bekommen möchten.

Loewenstein und Thaler (1989) haben dazu Untersuchungen durchgeführt. 30 Versuchspersonen sollten sich entscheiden, zu welchem Zeitpunkt sie einen Gewinn von 4 Euro, Verluste von 4 Euro oder 1000 Euro, den Kuss von einem Kinostar und einem Elektroschock (nicht tödlich, 110 Volt) entgegennehmen wollten. Der Bezugspunkt war: sofort oder in 3 Stunden, 24 Stunden, 3 Tagen, einem Jahr oder in 10 Jahren. Der Nutzen einer Ware verringert sich, je später sie zur Verfügung steht. Bei einem negativen Ereignis wünscht man sich, möglichst lange davon verschont zu bleiben. Die Vorfreude auf den Kuss eines Kinostars allerdings steigert sich bis zum dritten Tag. Geldgewinne wollen Menschen unmittelbar erhalten, wohingegen sie Verluste möglichst lange vor sich herschieben. An dieser Stelle wird die Parallele zum Certainty-Effekt deutlich, der besagt, dass Menschen in Entscheidungssituationen absolute Sicherheit im Vergleich zu noch so hohen Wahrscheinlichkeiten unverhältnismäßig stark bevorzugen. Im Hinblick auf den Faktor Zeit könnte man den sehr großen Wunsch nach schnellen Ergebnissen **Sofort-Effekt** (engl. = **immediately effect**) nennen.

Sie sind nun mit der Behavioral-Finance-Theorie und vielen Begriffen vertraut. In Kapitel 3 werden Sie weitere Faktoren kennenlernen, die menschliches Entscheidungsverhalten prägen.

3 Was lenkt den Trader?

Überzeugungen und Emotionen spielen beim Traden eine große Rolle. Die meisten Trader sind sich der tieferliegenden Gründe für ihr Trading-Verhalten allerdings nicht bewusst. Warum haben nur wenige Marktteilnehmer langfristigen Erfolg? Rationale und emotionale Muster wirken in der Regel stärker als ausgeklügelte Strategien. Viele nehmen auch nicht wahr, dass Suchtverhalten Entscheidungen beeinflussen kann. Darüber hinaus wird menschliches Verhalten durch Zugehörigkeit zu einer Gruppe verstärkt (»Zusammen sind wir stark!« oder »Geteiltes Leid ist halbes Leid!«). Herdenverhalten ist Ausdruck des ausgeprägten Wunsches vieler Menschen nach Zugehörigkeit. Letztlich wird menschliches Verhalten auch durch Gruppenfelder beeinflusst.

3.1 Überzeugungen

Überzeugungen, Selbstgespräche, Glaubenssätze (engl. = beliefs) und sich selbst erfüllende Prophezeiungen (engl. = self-fullfilling prophecy) spielen eine große Rolle bei Ihren Entscheidungen. Haben Sie sich schon einmal folgende Fragen gestellt und realistisch beantwortet?

○ Was denke ich über die Börse, die Märkte und Geld?

○ Was denke ich über Gewinne und Verluste?

○ Was denke ich über Finanzinformationen?

○ Was denke ich über Chance, Risiko und Glück?

○ Was denke ich über mich und was über andere?

Nicht nur gesprochene Sätze entfalten Wirkung, sondern auch die Glaubenssätze, die sich in Ihrem Geist festgesetzt und die Sie inzwischen als »normal« akzeptiert haben. Darunter fallen auch familiäre Aussprüche, die Generationen an etwas binden, was heute vielleicht seine Gültigkeit verloren hat. Sie kennen das: »Das war schon immer so und das bleibt auch so.« Das Problem entsteht, wenn Sie Glaubenssätze nicht regelmäßig überprüfen und der aktuellen Situation anpassen. Die Gefahr ist dann besonders groß, wenn Ihnen die Muster nicht bewusst sind, Sie aber trotzdem danach handeln. Beispiele, die Ihre Performance vermutlich nicht steigern, sind: »Geht's dir zu gut?«, »Ich glaube, dir geht's zu gut!« oder »Wer hoch steigt, fällt tief.«

Erfolgreiche Trader setzen sich mit ihren rationalen Mustern auseinander und hinterfragen ihre Entscheidungskriterien, die dem gegenwärtigen Zustand an Überzeugungen und Glaubenssätzen entsprechen (vgl. Kap. 9).

3.2 Emotionen

Emotionen (lat. *emotio* = heftige Bewegung) sind Forschungsgegenstand verschiedener neuartiger Disziplinen wie z. B. der **Neuroökonomik**.

Angst, Gier und **Rache** sind Emotionen, die sich vor allem im Gehirn (limbisches System) abspielen. Die Frage ist: Wie kommen Sie mit Ihren und den Emotionen an der Börse zurecht? Situationen eskalieren, wenn Sie Ihre Emotionen zu lange zurückgehalten haben oder Sie durch eine plötzliche Veränderung überfordert sind. Dann übernehmen die gesteigerten Emotionen die Regie über Ihr Handeln. Ihre Entscheidungsfähigkeit ist wahrscheinlich eingeschränkt. Panik, Gefühle von Ausweglosigkeit und Verwirrung könnten Sie begleiten.

Abbildung 9 gibt den Zyklus der Emotionen wieder, den Sie auch in Charts erkennen können. Hoffnung treibt zunächst die Kurse. Wenn das Vertrauen in die Märkte gestiegen ist, wird Gier zur treibenden Kraft. Auf Gier folgt Angst, eine Emotion, bei der Sie keine Kontrolle haben oder glauben sie nicht zu haben. Was folgt, ist Panik, ein Zustand übermächtiger, äußerster Angst. Sie könnten sich in diesem Zustand ausgeliefert

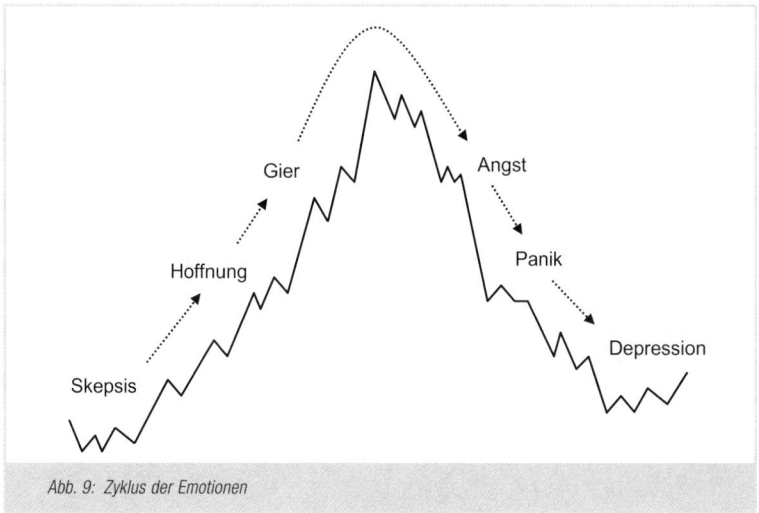

Abb. 9: Zyklus der Emotionen

fühlen. Schließlich ist Depression angesagt. Irgendwann geht das Ganze von vorne los. Viele Trader und Anleger durchlaufen diesen Zyklus nicht nur auf der Ebene der Emotionen, sondern auch ihr Depotwert oder ihre Trades entwickeln sich ähnlich, weil ihnen nicht bewusst ist, dass Börsenerfolg von der Persönlichkeitsentwicklung abhängt. Solange Sie den Zyklus der Emotionen »leben«, werden Sie ein Mitläufer sein, der sein Kapital an der Börse »verbrennt«.

Neben dem Zyklus aus Hoffnung, Gier, Angst und Panik spielt eine weitere Emotion eine große Rolle: **Rache** kommt im Trader-Alltag öfter vor, als Sie vielleicht annehmen. Diese Empfindung macht es schwierig, vernünftige Trading-Entscheidungen zu fällen. Sie könnten den Markt als Gegner empfinden und für einen Verlust-Trade verantwortlich machen. Der Marketmaker, der Ihre Order nicht wie gewünscht ausführte, könnte ebenfalls für Ihre Rache herhalten. Finden Sie daher eine Lösung, die Ihnen z. B. direkten Zugang zur Börse verschafft.

Erfolgreiche Trader lernen Emotionen wahrzunehmen, anzusehen und aufzulösen (vgl. Kap. 9).

3.3 Suchtverhalten

Sind Sie süchtig? Was tun Sie, was denken Sie, was nehmen Sie regelmäßig wahr? Was wiederholen Sie? Sucht leitet sich von siechen (althochdeutsch = siuchen) ab und beschreibt allgemein eine Krankheit, z. B. Schwindsucht, Wassersucht, Fettsucht, Gelbsucht, aber auch Sehnsucht und Eifersucht.

Körper-Sucht	Geist-Sucht	Seelen-Sucht
Genuss-Süchte*		
Medikamentensucht	Medikamentensucht	
Bewegungssucht		
Arbeitssucht	Arbeitssucht	
Sexsucht	Sexsucht	Sexsucht
Therapiesucht	Therapiesucht	Therapiesucht
	Denksucht	
	Fernsehsucht	Fernsehsucht
	Handysucht	Handysucht
	Informationssucht	Informationssucht
	Kommunikationssucht	Kommunikationssucht
		Kaufsucht
	Spielsucht	Spielsucht
		Sammelsüchte
		Modesucht**

Tab. 2: Beispiele für Körper-, Geist- und Seelen-Süchte; *Genuss-Süchte: z. B. nach Zucker, Kakao, Koffein, Nikotin, Alkohol; **damit ist die Sucht einer Zeit gemeint, keine Kleidung. Die grau unterlegten Süchte könnten im Alltag von Tradern eine größere Rolle spielen.

Tabelle 2 zeigt Beispiele für Süchte, die über Körper, Geist und/oder Seele ausgedrückt werden. Sucht befriedigt ein unerfülltes Bedürfnis, z. B. einen Mangel an Wertschätzung, Unterstützung, Zugehörigkeit oder Zuwendung. Verschiedene Süchte spielen auch im Trader-Alltag eine Rolle. Dabei ist in erster Linie sicherlich die **Spielsucht** zu nennen, doch auch **Arbeitssucht**, **Informationssucht** und **Kaufsucht** könnten bedeutsam sein.

3.3.1 Spielsucht

Trader werden immer wieder mit Spielern gleichgesetzt. Ist diese Verallgemeinerung zulässig? Wo liegt die Grenze zwischen kontrolliertem Trading und Spielsucht? Sie ist wahrscheinlich fließend. Der spielsüchtige Trader sucht Spannung, Abwechslung und Spaß. Im Gegensatz dazu zeichnet sich der Trading-Alltag oft durch Langeweile, Stress und negativ empfundene Erfahrungen wie z. B. Verluste aus. Wenn Sie den Eindruck haben, dass Spielsucht bei Ihnen eine Rolle spielen könnte, finden Sie einen geeigneten Suchtberater.

Haben Sie das Gefühl, zu viele Trades einzugehen? Dem könnten Sie begegnen, indem Sie eine Trading-Strategie entwickeln und sich vor allem daran halten. Sicherlich ist die Zahl von Trades strategieabhängig, dennoch könnte eine Limitierung pro Tag, Woche oder Monat weiterhelfen. Der positive Nebeneffekt besteht darin, dass Sie auch einen Überblick über Ihre Trading-Kosten gewinnen.

3.3.2 Arbeits-, Kauf- und Informationssucht

Trading ist allerdings auch ein Geduldsspiel. Im Alltag von Tradern gibt es immer wieder Zeiten, in denen Trades keinen Sinn machen. Langeweile kommt auf, ein Zustand, den Trader als unangenehm empfinden. Die Bewältigungsstrategien dafür sind unterschiedlich.

Langeweile können Sie entgegenwirken, wenn Sie das Risiko erhöhen, z. B. indem Sie auf Money-Management verzichten. Margin-Calls könnten die Folge sein. Wenn Sie Ihr Money-Management vernachlässigen, vielleicht sogar auf Stoppkurse verzichten, werden Sie eine emotionale Achterbahnfahrt erleben, die von der Volatilität des Marktes bestimmt wird. Die Intensität der Empfindungen hängt sicherlich auch von Ihrer persönlichen Trading-Erfahrung ab. Weiterhin können Sie auch vor Bekanntgabe wichtiger Wirtschaftsnachrichten Positionen im Markt halten – in der Hoffnung, dass die Reaktion der Marktteilnehmer Ihrer Einschätzung folgen wird. Dieses Verhalten vertreibt Ihre Langeweile ebenfalls in Sekundenschnelle. Ist das Ihre Absicht?

Der Geist wird beim Traden gefordert, das versteht sich von allein. Geistige Leistungsfähigkeit, Konzentration, aber auch das Abrufen, Verarbeiten und Speichern von Informationen halten den Geist auf Trab. Schwieriger ist es für Trader, den Bedürfnissen des Körpers Rechnung zu tragen. Der Mensch musste schon immer für sein Überleben kämpfen. Bewegung war die logische Folge. Der Mensch war nicht selten 20 Kilometer am Tag unterwegs. Dabei war er mit Jagen, Sammeln oder vielleicht auch Kämpfen beschäftigt. Feinde oder wilde Tiere waren Ursache für den Ausstoß von Adrenalin, das allerdings sofort durch körperliche Aktivität im Kampf oder auf der Flucht abgebaut wurde. Der Überlebenskampf des Traders scheint vorwiegend im Kopf stattzufinden. Darin allerdings besteht ein großer Irrtum. Die körperlichen Reaktionen bei Stress sind immer noch die gleichen. Stresshormone werden gebildet, die allerdings im Körper verbleiben, da Trader in der Regel unter Bewegungsmangel leiden. Das könnte Ihre körperliche wie auch geistige Gesundheit langfristig beeinträchtigen.

Vielleicht täuschen Sie Ihrem Körper auch das Gefühl von Arbeit vor, indem Sie die Anzahl der Trades erhöhen? Traden auch Sie, um das Gefühl von »gearbeitet zu haben« zu spüren? Manchen Menschen fehlt die Erfahrung beim Umgang mit Nichtstun oder Glück. Vielleicht fragen Sie sich nach einem erfolgreichen Trade: »Womit habe ich das verdient?« Diese Frage beinhaltet auch eine Bewertung, denn offensichtlich leisten Menschen Unterschiedliches, um erfolgreich zu sein. Stellen Sie sich folgende Situation vor: Sie haben mit einem Trade z. B. 175 Euro innerhalb von nicht einmal 30 Minuten verdient. Vielleicht fehlt Ihnen das Empfinden von »gearbeitet zu haben«. Dabei werden Sie diese Empfindung nur teilweise spüren, wenn Sie z. B. vier Trades innerhalb von zwei Stunden durchführen. Die höhere Anzahl von Trades und die damit einhergehende längere Arbeitszeit wird das Gefühl von »gearbeitet zu haben« nicht verstärken.

Ihr emotionaler Zustand könnte allerdings auch durch die Anzahl der Trades beeinflusst werden. Angenommen, Sie erzielen wieder einen Gewinn von insgesamt 175 Euro. Dazu führen Sie dieses Mal vier Trades aus: –30 Euro, +220 Euro, +140 Euro und –155 Euro. Den ersten Trade beenden Sie mit einem Ergebnis von –30 Euro. Ihre Laune ist ein bisschen gedämpft, schließlich hatten Sie sich das anders vorgestellt. Doch schon nach dem nächsten Trade hellt sich Ihre Stimmung auf: »220 Euro, ein tolles Ergebnis!« Der folgende Trade ist ebenfalls sehr gut. Sie vergleichen den dritten mit dem vorhergehenden Trade, der für Sie einen Anker darstellt. Emotional konnten Sie sich nicht vom vorhergehenden Trade lösen: »140 Euro, na ja, das ist auch ein gutes Ergebnis.« Sie führen also für jeden Trade ein geistiges Konto. Sie erinnern sich und blicken nun auf das Gesamtergebnis. Ihre Gesichtszüge erhellen sich: »330 Euro, das ist doch was.« Der abschließende vierte Trade beschert Ihnen einen Verlust von 155 Euro. Sie denken: »Was für eine Katastrophe, ausgerechnet der letzte Trade.« Dieser Verlust-Trade hinterlässt eine nachhaltige Wirkung. Sie nehmen den Gewinn in der gleichen Höhe von 175 Euro kaum wahr.

Trade	Ergebnis [€]	eZT	Trade	Ergebnis [€]	eZT
1	+175	🙂	1	-30	😐
			2	+220	🙂🙂
			3	+140	🙂
			4	-155	😨
G.-Erg.	+175	🙂	G.-Erg	+175	😨

Tab. 3: Das gleiche Gesamtergebnis (G.-Erg.) von 175 Euro Gewinn führt zu unterschiedlichen emotionalen Zuständen des Traders (eZT). Im ersten Fall wurde ein Trade durchgeführt, im zweiten Fall waren es vier Trades. Die Bewertung des emotionalen Zustands des Traders erfolgte nach jedem Trade: 🙂 = erfolgreich, 😐 = nachdenklich und 😨 = geschockt.

Dieser letzte Trade könnte Ihren emotionalen Zustand für den Rest des Tages oder vielleicht bis zum nächsten Tag bestimmen. Sie fragen sich: »Wie konnte das passieren? Was habe ich nur falsch gemacht?« Sie haben nichts falsch gemacht, wenn Sie Ihre Trading-Strategie eingehalten haben. Gönnen Sie Ihrem Körper Bewegung und nehmen Sie das Gesamtergebnis dankbar an. Haben Sie allerdings Ihre Regeln missachtet oder aber der letzte Trade ist das Ergebnis Ihrer Selbstüberschätzung, dann finden Sie die Gründe für Ihr Verhalten.

Eine weitere Strategie gegen Langeweile könnte eine aufwendige Recherche zu einem »Trading«-Thema sein. Wie machen Sie das? Vielleicht surfen Sie stundenlang im Internet, lesen aufmerksam den Wirtschaftsteil Ihrer Tageszeitung oder haben ein Börsenmagazin kritisch analysiert. Wenn Sie auch den ganzen Tag damit beschäftigt waren, hinterfragen Sie, was Sie unter dem Strich mit Ihrer Zeit angefangen haben. Vielleicht haben Sie damit Ihr Sicherheits- und Kontrollbedürfnis befriedigt? In jedem Fall haben Sie Langeweile vermieden. Durch diese Strategie läuft Ihr Geist den ganzen Tag auf Hochtouren. Von Entspannung und klaren Gedanken kann keine Rede sein und gerade diese brauchen Trader unbedingt. Auch bei dieser Lösungsstrategie hat der Körper das Nachsehen. Wie viel von Ihrem Verhalten ist auf **Informationssucht** zurückzuführen?

Langeweile begegnen Trader auch dadurch, dass sie **unterschiedliche Märkte** zu verschiedenen Tageszeiten traden. Vormittags könnte Trading von Deutschen Indizes oder CFDs (Contracts For Difference) auf europäische Aktien auf dem Programm stehen, nachmittags vielleicht Futures auf amerikanische Indizes oder Rohstoffe. Prüfen Sie, was hinter diesem Verhalten steckt! Vielleicht spielen **Arbeits- und Kaufsucht** eine größere Rolle, als Sie annehmen? Was halten Sie davon, sich zunächst auf einen Markt in einer Anlageklasse zu konzentrieren?

3.4 Verhalten von Frauen und Männern

Lohnenswert könnte ein Blick auf das Verhalten von **Frauen** und **Männern** sein. Frauen tendieren in den letzten Jahren immer mehr dazu, sich zu beweisen, »ihren Mann zu stehen« und es den Männern gleichzutun. Führt dieses Verhalten dazu, dass sie die kleinen psychologischen Vorteile verspielen, die ihnen »im Blut« liegen? Worin liegen die Unterschiede im Verhalten von Frauen und Männern?

Das allgemeine Interesse von Frauen für finanzielle Angelegenheiten soll weniger ausgeprägt sein als bei Männern. Darüber hinaus vertrauen sie auf die Empfehlungen ihrer Männer und interessieren sich insgesamt weniger für weitere Finanzinformationen (Joerg, Loderer 2006). Frauen wird immer wieder eine höhere Risikoaversion nachgesagt. Diese konnte allerdings durch neueste Untersuchungen nicht bestätigt werden, denn Wissen, Informationsverhalten, Informationsstand und Kompetenz wirken stärker als die bloße Tatsache, Frau oder Mann zu sein (Joerg-Perrin 2007).

»Fehler einzugestehen« scheint ebenfalls geschlechtsunabhängig zu sein. Der Dispositionseffekt ist für Frauen und Männer ähnlich ausgeprägt. Das belegt eine taiwanesische Studie, deren Grundlage alle Trades der Taiwan Stock Exchange (TSE) im Zeitraum von 1995 bis 1999 waren (Barber et al. 2007). Seru und Kollegen (2010) fanden heraus, dass der Dispositionseffekt 3,2 Prozent der jährlichen Gewinne »auffrisst«. Diese finnische Studie zeigte allerdings auch, dass der Dispositionseffekt mit jedem weiteren Jahr an praktischer Erfahrung um 7 Prozent abnimmt. Trader können diesen Prozess beschleunigen, indem sie beginnen, regelmäßig kleine Gewinne zu realisieren. Trading ist also erlernbar. Dabei sollen Frauen klar im Vorteil sein, da sie offensichtlich schneller lernen als Männer.

Vielleicht liegen die Gründe für die »Lernblockade« der Männer in ihrer Selbstüberschätzung, die auch dazu führt, dass Männer bis zu 45 Prozent mehr traden als Frauen und damit ihre Rendite schmälern (Barber, Odean 2001).

Daten: 37 644 Haushalte, großer Discount Broker, USA

Vermehrtes Trading reduziert die Performance von Männern um 2,65 Prozent (bei Frauen immerhin auch von 1,72 Prozent). Selbstüberschätzung wirkt sich gerade auch in Männer-dominierten Bereichen wie den Finanzmärkten aus. Dabei spielt vor allem das Überschätzen von Informationen und zu erwartenden Gewinnen eine Rolle.

Zeitraum: Feb. 1991–Jan. 1997
Referenz: Barber, Odean 2001

Interessant ist, dass in der Berufsgruppe der Fonds-Manager geschlechtsspezifische Unterschiede zwar erkennbar waren, doch hatten sie keinen Einfluss auf die Performance (Beckmann, Menkhoff 2008).

Die Untersuchung von verschiedenen Berufsgruppen ergab, dass Finanz-berater z. B. die Risikofreude von Anlegern steigern (Joerg-Perrin 2007) und Psychologen sogar zu ihrem Börsenerfolg beitragen können (Dreh-mann et al. 2005). Wenn Sie einen Termin »auf der Couch« vereinbaren, fragen Sie Ihren Psychologen auch nach seiner Einschätzung zur Ent-wicklung der Märkte. Die Zahl der »Marktversteher« ist unter den Psy-chologen besonders hoch, was auch am Börsenerfolg ablesbar ist. Letzt-lich bilden die Märkte menschliches Verhalten ab und damit kennen sich Psychologen von Berufs wegen besonders gut aus. Berufsgruppen, die auf Rationalität vertrauen, z. B. Mathematiker oder Physiker, haben in der Regel weniger Börsenerfolg, denn Naturwissenschaftler fällen vor-wiegend rationale Entscheidungen und denken, dass sich die anderen Marktteilnehmer ähnlich verhalten (Drehmann et al. 2005).

3.5 Herdenverhalten

Eine Abtrennung von der Herde ist für sozial organisierte Säugetiere wie z. B. Schweine eine unkontrollierbare Bedrohung (Hüther 2005). Wie müssen da erst Menschen empfinden, deren gesamter Erfahrungsschatz von Geburt an durch soziale Faktoren und das Verhalten anderer Men-schen geprägt ist? So betrachtet ist **Herdenverhalten** (**HV**) sicherlich »menschlich«. Die Herde bietet Schutz und befriedigt die menschliche Sehnsucht nach Zugehörigkeit. Viele Menschen fühlen sich einfach woh-ler, wenn sie sich in ihren Einschätzungen und Handlungen in Überein-stimmung mit ihren Mitmenschen befinden. Die Tendenz zum HV wird durch verschiedene Faktoren, z. B. einen geringen Selbstwert, begünstigt. Menschen, die sich kompetent fühlen, neigen weniger zum HV, auch wenn dadurch ihr Ruf auf dem Spiel steht. Ist Ihnen wichtig, was andere über Sie denken? Bevorzugen Sie, sich in der Herde zu verstecken, nur um nicht aufzufallen, oder vertreten Sie Ihre Meinung auch gegen einen Gruppendruck – um den Preis von Schutz und Zugehörigkeit?

Rationales HV wird bei Analysten und vor allem jüngeren Fondsmana-gern beobachtet, die sich im Schutz der Herde verstecken. Analysten wis-sen genauso wenig wie Sie, wohin die Märkte tendieren.

Daten: 227 amerikanische Rentenmarkt-Analysten

Rentenmarkt-Analysten zeigten eine weitgehende Übereinstimmung ihrer Renditeprognosen. Das ist wenig verwunderlich, denn HV von Rentenmarkt-Analysten ist beabsichtigt (engl. = intentional herding). Dabei orientierten sich die Analysten nicht an anderen, sondern an der aktuellen Marktsituation. Dieses externe Signal wurde von der Gruppe als verhaltensrelevant anerkannt (engl. = externally triggered herding).

Zeitraum: 1990–2004

Referenz: Spiwoks et al. 2006

Institutionelle Investoren (z. B. Asset-Manager, Versicherungsunternehmen) gewinnen immer mehr an Bedeutung. Eine einflussreiche Untergruppe der Asset-Manager sind die professionellen Manager von Investmentfonds. Eine Untersuchung zum Anlageverhalten von 26 österreichischen Fonds-Managern ergab, dass weder übermäßiges Trading noch der Dispositionseffekt (15,4 Prozent) oder Verlustaversion (15,4 Prozent) eine größere Rolle spielten (Lütje 2004). Bemerkenswert war allerdings ein ausgeprägtes HV vor allem von jüngeren Fonds-Managern (61,5 Prozent). Diese folgen den erfahrenen Kollegen, um im Falle einer Fehlprognose nicht allein dazustehen. Interessant war dabei, dass jüngere Fonds-Manager risikofreudiger als ihre nicht herdenorientierten Kollegen waren.

In Börsenangelegenheiten ist immer wieder von **irrationalem Herdenverhalten** (engl. = herding, herd behaviour) die Rede, vor allem dann, wenn sich Spekulationsblasen aufbauen. Zunächst ist wichtig zu verstehen, was eine **Spekulationsblase** (engl. = stock market bubble) ausmacht: Spekulationsblasen sind Teil einer Preisbewegung, die nicht durch Fundamentaldaten erklärt werden können und eine längere Zeit von diesen abweichen. HV ist eine mögliche Erklärung. Analysten wird nachgesagt, dass sie irrationales HV von Marktteilnehmern verstärken, wenn sie gleiche Empfehlungen geben. Irrationales HV wird mit stark emotionalem Verhalten verbunden. Die Frage, ob dem HV überhaupt eine irrationale Komponente bescheinigt werden kann, bleibt allerdings unbeantwortet, weil die Beweise dafür fehlen (Drehmann et al. 2005). Vielleicht gelangen Anleger in Zeiten schnell fließender Informationen unabhängig voneinander zu gleichen Entscheidungen?

Der nächste Crash (engl. = Börsenkrach, Absturz) kommt bestimmt, schreibt Wittmann (2007) und führt den Leser in die hintergründige Welt von »**Crash und kein Cash**« (engl. = Bargeld). Am Ende eines langjährigen Aufstiegs kommt immer ein Crash, der meistens mit einer langjährigen Depression einhergeht.

Was verstehen Sie unter einem Crash? 10 Prozent Verlust in drei Tagen oder 20 Prozent in zehn Tagen – oder sprechen Sie bei 30 Prozent in einem Monat von einem Crash? Crash ist auch eine Bewertung, so etwas wie:»Das ist zu viel für mich!« oder »Was soll ich nur tun?« Sie entscheiden, wann Sie einen Crash empfinden, denn es geht um Ihr Kapital. Da helfen Ihnen Analysten auch nicht weiter, die feststellen, dass die Märkte konsolidieren und Sie dennoch 25 Prozent verloren haben.

Spekulationsblasen platzen immer und immer wieder. Die Börsengeschichte lehrt, dass Übertreibungen stets eine Rolle gespielt haben. Denken Sie z. B. an die großen Abstürze von 1929 bis 1932, 1987, 1998, 2000 bis 2003 und 2008. Spekulationsblasen bilden sich langsam, wachsen beständig und platzen auf unterschiedliche Weise. **Die nächste Spekulationsblase kommt bestimmt**.

3.6 Gruppenfelder

Rupert Sheldrake (*1942, britischer Naturwissenschaftler) bezeichnet mit dem Begriff **morphogenetische Felder** soziale und kulturelle Felder. Sie wirken bei lebendigen Organismen (Mensch, Tier, Pflanze), geben Form und Struktur, sind Ursache für Veränderungen, Entwicklungen und Selbstheilung. Vor allem das **Verhalten** wird über morphogenetische Felder beeinflusst. Beispiele sind die Organisation innerhalb von Gruppen, z. B. Vogelflug oder Fischschwarm. Wahrscheinlich hat auch ein Termitenhügel ein Feld, denn woher wissen einzelne Insekten, wohin sie das Baumaterial schaffen sollen? Menschen sind ebenso wie die Tiere über unterschiedlich starke **Gruppenfelder** miteinander verbunden. Die Mitglieder der Gruppe können auf alle Informationen des Feldes zurückgreifen und das Feld beeinflussen. Die Kommunikation funktioniert auch über große Entfernungen. Die gesamte Energie eines Gruppenfeldes setzt sich aus den Beiträgen der einzelnen Mitglieder zusammen. Gruppenfelder tragen zur Entwicklung von sozialen Fähigkeiten bei.

Mitglieder des Feldes	alle Marktteilnehmer
Wirkung des Feldes	emotionale Entwicklung
Geschwindigkeit des Feldes	hoch
Aufgabe im Feld	Trading
Kosten für die Entwicklung	Trading-Kosten
Lernaufgabe im Feld	Umgang mit Emotionen, Geld
Lenkung des Feldes	durch stärkere Gruppenfelder z. B. Politik, Wirtschaft, Umwelt

Tab. 4: Eigenschaften des Gruppenfeldes Börse

Das Gruppenfeld der Trader ist die Börse. In Tabelle 4 sind die Eigenschaften dieses Feldes dargestellt. Emotionen spielen an der Börse eine große Rolle, denen Sie sich als Marktteilnehmer aussetzen – unabhängig davon, ob Sie auf steigende oder fallende Kurse spekulieren. Wenn Sie Positionen im Markt halten, sind Sie mit allen weiteren Marktteilnehmern über das Gruppenfeld verbunden. Dieser vielen nicht bewusste Zusammenhang führt dazu, dass Sie Ihre persönlichen oder auch die Emotionen des »Marktes« wahrnehmen. Lernen Sie daher mit den Emotionen umzugehen oder sich abzugrenzen, denn Trading-Entscheidungen verlangen nach einem klaren Kopf. Der bewusste Teil Ihrer Entwicklung beginnt, wenn Sie Ihre Positionen glatt gestellt haben und ein Ergebnis vorliegt. »Verarbeiten« Sie Ihre Gewinne und Verluste, damit Sie beim nächsten Trade kein unangemessenes Risiko eingehen. Das Gruppenfeld entwickelt Sie nicht kostenfrei, denn Sie tragen die Trading-Kosten oder den Spread. Die Börse wird allerdings durch stärkere Felder wie Politik, Wirtschaft und Umwelt (Rhythmik, zeitlich begrenzte Umwelteinflüsse oder auch langsam voranschreitende Veränderungen) gelenkt. Sie sollten sich dieses Wissens bei Ihren Trading-Entscheidungen bewusst sein. Politiker haben im September 2008 entschieden, dass der Staat die Kontrolle der beiden Hypothekenbanken Fannie Mae und Freddie Mac übernimmt. Staatliche Unterstützungen für in Not geratene Unternehmen, z. B. durch direkte finanzielle Zuwendungen oder protektionistische Gesetze, gab es schon immer, doch wurde bei den beiden Immobilienfinanzierern eine neue Größenordnung erreicht.

Konsequenzen der Gruppenfeld-Theorie: Trading ermöglicht Ihnen, die in den Märkten wirkenden Emotionen wahrzunehmen und für Ihre persönliche Entwicklung zu nutzen. Gier wirkt vielleicht noch ansteckend, Ängste und Panik allerdings können einen großen Einfluss auf Ihr Selbstwertgefühl haben. Sie sollten sich daher mit Ihren Emotionen auseinandersetzen, damit sie keinen negativen Einfluss auf Ihre Trading-Entscheidungen haben.

Marktbewegungen sind nicht voraussehbar. Lernen Sie mit dieser Unsicherheit umzugehen und schützen Sie Ihr Kapital durch Risiko- und Money-Management. Die Märkte werden allerdings von stärkeren Feldern gelenkt. Daher haben Finanzinformationen einen großen Einfluss auf die Bewegungen der Märkte.

Auf den ersten Blick liegen Ihre Chancen also bei 50 zu 50, denn prinzipiell können Kurse steigen oder fallen. Sie haben allerdings die Möglichkeit, je nach Marktsituation unterschiedliche profitable Strategien einzusetzen. Berücksichtigen Sie beim Trading vor allem auch massenpsychologische Effekte, die Sie in Charts z. B. an Widerständen, Unterstützungen, Hoch- und/oder Tiefpunkten ablesen können. Chartanalyse, die Elliott-Wellen-Theorie, Intermarket-Analyse und/oder Sentimentanalyse werden Ihnen bei der Einschätzung der Stärke dieser Chartmuster hilfreich sein. Damit sollten Sie bessere Chancen als beim Roulettespiel haben.

4 Was stresst den Trader?

Stress ist ein von **Hans Selye** (1907–1982, österreichischer Naturwissenschaftler und Mediziner) 1936 entdecktes und so bezeichnetes Syndrom vielfältiger physiologischer Anpassungen an unspezifische innere und äußere Reize. Anders ausgedrückt: Stress ist eine Bewertung von dem, was eine Situation als Reaktion erfordern könnte, die meistens auf Ängsten basiert. Stressempfinden wird durch die innere Bereitschaft, eine neue Lage voll und ganz zu akzeptieren, geregelt. Leisten Sie wenig Widerstand gegen das Neue, werden Sie sich weniger gestresst fühlen als andere, die sich gegen die Realität wehren. Die Erstbewertung einer Veränderung (z. B. ein plötzlicher Kursverlust von 5 Prozent), die Einschätzung der Bewältigungsmöglichkeiten (z. B. Positionen abbauen oder leer verkaufen) oder auch die Neubewertung (der Kursverlust könnte auf das Testen eines Widerstands zurückzuführen sein) sind dabei von Mensch zu Mensch unterschiedlich.

Lange Zeit wurden Stress- und Angstkonzepte aus Sicht von physiologischen oder psychologischen Gegebenheiten gedeutet. Erst in den letzten Jahren wurden auch neurobiologische Aspekte berücksichtigt. Hüther (2005) beschreibt sehr anschaulich eine **kontrollierte** und **nicht kontrollierbare Stressreaktion**. Trader sollten sich vor allem die letztere ansehen. Immer wieder treten unerwartete Situationen auf, die Sie so oder so ähnlich noch nicht erlebt haben. Ihnen könnte z. B. entgangen sein, dass über eine Zinssenkung von 0,5 Basispunkten spekuliert wird. Die Folge ist vielleicht ein Kursfeuerwerk. Vielleicht hatten Sie noch keinen Stoppkurs für Ihre Short-Position gesetzt und werden nun mit stark steigenden Kursen konfrontiert. Was tun Sie? Schließen Sie Ihre Position unverzüglich oder warten Sie auf die erste Gegenbewegung? Die Ereignisse überschlagen sich: »Margin Call« blinkt auf Ihrem Monitor. Zu allem Überfluss klingelt das Telefon. Viele Gedanken schießen Ihnen durch den Kopf. Wenn Sie nicht reagieren, wird Ihre Position in Kürze liquidiert, da die Kurse weiterhin steigen. Sie fragen sich, ob Sie weiteres Kapital bereitstellen sollten. Die Kontrollierbarkeit ist vorbei, der Körper zeigt erste bedenkliche

Symptome, der Angstschweiß steht Ihnen auf der Stirn. In Ihrem Gehirn geht alles durcheinander. Verschaltungen im Gehirn, die im »normalen« Leben keine Rolle spielen, werden auf einmal aktiviert. Eine Hormonkaskade wird in Gang gesetzt und führt dazu, dass in der Nebennierenrinde das Stresshormon Kortisol gebildet wird. Kortisol hat eine viel größere Wirkung als das Ihnen bekannte Adrenalin. Aus anfänglicher Angst wird Verzweiflung, Ohnmacht und Hilflosigkeit. Die im Körper ablaufende Stressreaktion (= Angstreaktion) wird zum Selbstläufer und ist nicht mehr anzuhalten, sie ist unkontrollierbar geworden. Die Frage ist, ob Sie in dieser Verfassung überhaupt angemessen reagieren können.

Zusammenfassend lässt sich festhalten, dass **Erfahrung** im Umgang mit außergewöhnlichen Situationen sicherlich zu besseren Ergebnissen sowie schnelleren und angemesseneren Reaktionen führen könnte. Dabei besteht in der Häufigkeit der Aktivierung einer Stressreaktion ein gewisser Trainingseffekt. Wenn Sie regelmäßig traden, werden Sie langfristig auch in schwierigen Situationen Ruhe bewahren oder abgeklärt und schnell reagieren.

Erfolgreiches Trading setzt also voraus, dass Sie entspannt und angstfrei sind. Die Herausforderung besteht darin, wahrzunehmen, was Sie stressen könnte. Dabei gibt es sicherlich eine ganze Reihe von Faktoren (Stressoren), die im Aktenhängeschrank auf den Schultern des Traders lasten (Abb. 10).

4.1 Stressoren

Unterschiedliche Stressoren wirken auf den Trader. Die Finanz-Faktoren werden durch die Börse vorgegeben. Angebot und Nachfrage spielen eine Rolle – oder auch Konkurrenz. Immer wieder passiert es, dass die von Ihnen gesetzten Stopps von finanziell stärkeren Marktteilnehmern einfach weggefischt werden. Hohe Volatilität oder ein starkes Momentum sind oftmals auf Wirtschaftsnachrichten zurückzuführen, die im Gegensatz zu Ad-hoc-Mitteilungen wenigstens zu festgelegten Zeitpunkten herauskommen. Finanz-Faktoren betreffen alle Marktteilnehmer gleichermaßen, auch wenn erfahrene Trader damit wahrscheinlich routinierter umgehen.

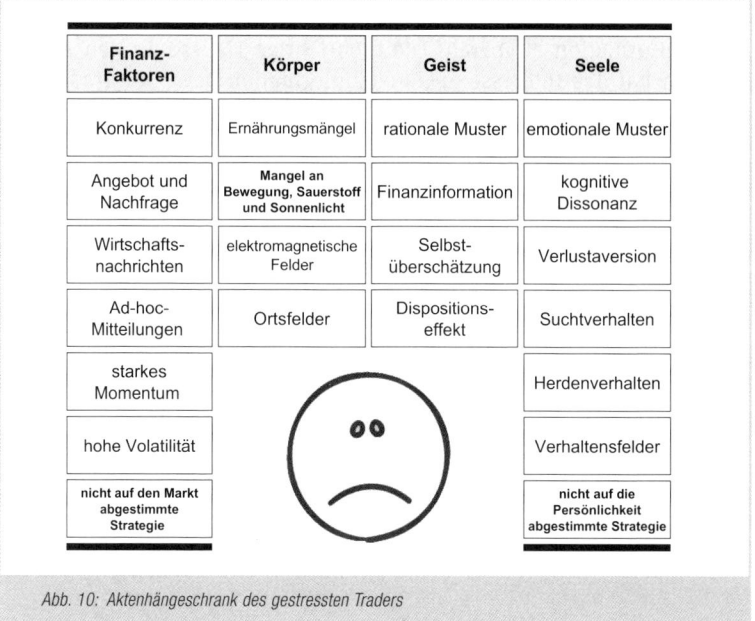

Finanz-Faktoren	Körper	Geist	Seele
Konkurrenz	Ernährungsmängel	rationale Muster	emotionale Muster
Angebot und Nachfrage	**Mangel an Bewegung, Sauerstoff und Sonnenlicht**	Finanzinformation	kognitive Dissonanz
Wirtschafts-nachrichten	elektromagnetische Felder	Selbst-überschätzung	Verlustaversion
Ad-hoc-Mitteilungen	Ortsfelder	Dispositions-effekt	Suchtverhalten
starkes Momentum			Herdenverhalten
hohe Volatilität			Verhaltensfelder
nicht auf den Markt abgestimmte Strategie			**nicht auf die Persönlichkeit abgestimmte Strategie**

Abb. 10: Aktenhängeschrank des gestressten Traders

Anders sieht das bei den Faktoren aus, die von Mensch zu Mensch unterschiedlich wahrgenommen werden und auf Körper, Geist und Seele wirken. In Abbildung 10 sind einige dieser Faktoren dargestellt. Vielleicht wird Stress bei Ihnen durch ganz andere Faktoren ausgelöst? Überlegen Sie, was und wie Sie denken, empfinden und handeln. Kennen Sie Ihre Schwachpunkte?

Finden Sie heraus, was Ihnen Stress bereitet oder was Sie fast zwanghaft wiederholen. Lernen Sie loszulassen und dass Entspannung auch eine Lebenseinstellung ist. Viele Trader haben Probleme, die vielen Informationen zu verarbeiten. Darüber hinaus fällt ihnen der Umgang mit Verlusten schwer. Sie haben verschiedene Möglichkeiten, mit diesen beiden Stressoren umzugehen, wie Ihnen die folgenden Kapitel zeigen.

4.2 Finanzinformation

Finanzinformation allüberall. Die mehrjährige Hausse an den Aktienmärkten hat das Interesse an Finanzinformation geweckt. Trader und
Anleger brauchen Finanzinformation, so viel steht fest. Die Frage ist
allerdings: »Wieviel?« Die meisten Menschen sind mit der Flut von
Informationen überfordert. Der Aufgabe »wahrnehmen, lesen, verstehen, verarbeiten, bewerten und entscheiden« werden sie nicht gerecht.
Das ist kaum verwunderlich, denn das Angebot ist fast unüberschau-
bar groß. Wirtschaftszeitungen, Börsenmagazine, Fernsehsender, die 24
Stunden über die Finanzmärkte berichten, Finanzportale, Newsletter,
Newsticker, Börsenbriefe und Börsenhotlines liefern alles, was die Her-
zen von Tradern und Anlegern höherschlagen lässt. Gerade die Finanzportale übertreffen sich immer wieder durch weitere Innovationen. Das
hat auch sein Gutes, denn in den Bereichen Basiswissen, Finanzpsychologie, Money-Management und Finanztools bestand großer Nach-
holbedarf. Wer gezielt sucht, wird in der Regel die gewünschte Information finden.

Finanzinformationen führen allerdings nicht zwangsläufig auch zu höherer Rendite. Entscheidend ist, ob Sie den Wert der Information richtig einschätzen können. Portfolios von Anlegern, die viel Zeit für das Sammeln
von Finanzinformationen aufwendeten, waren weniger diversifiziert und
wiesen schlechtere Verhältnisse von Rendite zum Risiko auf als die von
Anlegern, die sich wenig oder gar nicht mit Finanzinformation beschäf-
tigten. Anleger, die an Selbstüberschätzung leiden, werden ohnehin stärker von Finanzinformationen beeinflusst (Guiso, Jappelli 2006).

Haben Sie »Mut zur Lücke« und begrenzen Sie die Zeit, in der Sie
sich mit Finanzinformationen beschäftigen, z. B. auf 15 Minuten täglich. Legen Sie einen Zeitpunkt fest, an dem Sie Ihr »Finanz-Update«
durchführen. Abhängig von Anlageprodukten und bevorzugtem Anlagehorizont sieht dieses Update für jeden Marktteilnehmer anders aus.
Berücksichtigen Sie Ihre persönlichen Vorlieben. Wenn Sie gern lesen,
bieten sich Zeitungen und Börsenmagazine, Finanzportale und Newsletter an.

Nutzen Sie wenige ausgewählte Informationsquellen regelmäßig. Beginn-
nen Sie z. B. mit dem **Newsletter** eines Online-Brokers. Bereits vor Bör-

senbeginn erhalten Sie so die Meldungen des Tages, einen Überblick über die wichtigsten Indizes, Konjunkturdaten und Unternehmenstermine per E-Mail. Börsenfernsehen oder Web-TV geben weitere wichtige Informationen zu den Märkten. Vielleicht bereichert Sie auch ein tägliches DAX-Video, das eine Einschätzung unter Berücksichtigung von Technischer Analyse bietet (www.godmode-trader.de/video).

Wer Aktien, Aktien-CFDs, derivate Hebelprodukte (Knock-outs, Optionsscheine) oder derivate Anlagezertifikate tradet, könnte folgendermaßen vorgehen: Legen Sie eine real-time Watchlist mit den Sie interessierenden Aktien an (z. B. www.ariva.de). Die gleiche Watchlist erstellen Sie auch bei anderen Finanzportalen oder -Communities, um Informationen über **Fundamentaldaten** (z. B. www.finanznachrichten.de), **Analystenempfehlungen** (z. B. www.de.sharewise.com) und **Insiderdaten** (z. B. www.insiderdaten.de) zu bekommen. Abschließend besuchen Sie das Portal für **Technische Analyse** und prüfen, ob für Ihre Aktien neue Analysen erstellt wurden (www.godmode-trader.de).

Kaufen und verkaufen Sie vor allem nur Anlageprodukte, die Sie verstehen. Nehmen Sie sich regelmäßig, z. B. einmal monatlich, Zeit, Ihr Basiswissen über unterschiedliche Anlageprodukte zu erweitern (z. B. www.godmode-trader.de/wissen). Nutzen Sie auch Szenariorechner (z. B. www.godmode-trader.de/tools/overview), um Verständnis für die Entwicklung Ihrer Anlageprodukte in unterschiedlichen Marktphasen zu gewinnen.

4.2.1 Geraten und verkauft

»Anlegerschutz vor IPO-Schützenhilfe (IPO = Initial Public Offering = Börsengang)?«, das ist hier die Frage. Konsortialbanken unterstützen oftmals mehrere Jahre die von ihnen begleiteten Börsengänge durch wiederholte Kaufempfehlungen. Daher ist es kaum verwunderlich, dass Verkaufsempfehlungen weniger als 25 Prozent aller Empfehlungen ausmachen (Hajek 2008). Tiefgreifende Interessenkonflikte, die durch die Verbindungen von Banken und Brokerhäusern mit Aktiengesellschaften bestehen, haben großen Einfluss auf das Aktien-Rating. Die Empfehlungen entsprechen dabei nicht unbedingt der persönlichen Meinung eines

Analysten (Mokoteli, Taffler 2005). Banken und Brokerhäuser steuern auch den Ab- oder Aufbau ihrer eigenen Positionen durch entsprechende Empfehlungen (Lidén 2006).

Wer dem Rat von Analysten folgt, hat sich auf ein Roulettespiel eingelassen (»Am Ende gewinnt immer die Bank«). Das zeigte auch eine Untersuchung von 6700 **Kauf-** und **Verkaufsempfehlungen** von 35 Banken durch eine Aktiencommunity (www.de.sharewise.com). Die Hälfte aller Empfehlungen war falsch. Die Bewertung der Analystenempfehlungen erfolgte sechs Monate nach ihrer Veröffentlichung. Positiv gewertet wurden Aktien, die nach einer Kaufempfehlung (Verkauf) mindestens 5 Prozent gestiegen (gefallen) waren oder das Kursziel erreicht hatten. Dabei spielte es durchaus eine Rolle, von welcher Bank die Kauf- oder Verkaufsempfehlung kam. Trotz großer Mitarbeiterstäbe waren es nicht die Großbanken, die die besten Ergebnisse lieferten.

Woher kommt es, dass auf Analystenempfehlungen kein Verlass ist?

Daten: Institutional Brokers' Estimate System (IBES), 14 169 Kauf- und Verkaufsempfehlungen, USA	Das Verhalten von Analysten war durch Selbstüberschätzung, die Repräsentativitätsheuristik und Interessenkonflikte beeinflusst. Die Märkte reagieren auf Aktienempfehlungen von Analysten. Die Marktreaktion war bei einer Kaufempfehlung am Monatsende abgeschlossen, in der die Empfehlung erfolgte. Verkaufsempfehlungen zeigten Reaktionen von bis zu einem Jahr. Die Empfehlungen wurden nach folgender Regel bewertet: Empfehlungen wurden positiv gewertet, wenn der Kurs zwölf Monate nach einer Kaufempfehlung 20 Prozent über der Benchmark lag, bei einer Verkaufsempfehlung entsprechend umgekehrt. Vor allem Kaufempfehlungen führten nicht zur vorausgesagten Performance.

Zeitraum: Jan. 1997 – Dez. 2003
Referenz: Mokoteli, Taffler 2005

Analysten glauben, dass ihre Anlageentscheidungen besser sind als die privater Investoren (Mokoteli, Taffler 2005). Selbstüberschätzung ist ein Verhalten, das allerdings auch für Privatanleger bei komplizierten Sachverhalten vielfach beschrieben wurde (Odean 1998a, 1998b; Barber und Odean 2001).

Die Empfehlungen von Analysten sind nicht renditefördernd, vielleicht tragen die von Journalisten dazu bei? Journalisten haben im Gegensatz zu Analysten selten Informationen aus erster Hand, z. B. von CEOs (engl. = chief executive officer, Geschäftsführer) oder CFOs (engl. = chief financial officer, kaufmännischer Geschäftsführer). Andererseits haben sie keine Verpflichtungen gegenüber Dritten. Lidén (2006) untersuchte die Empfehlungen beider Berufsgruppen in sechs schwedischen Zeitungen und Personal Finance Magazines für den Zeitraum von 1996 bis 2000. 317 Kaufempfehlungen (davon 99 von Analysten, 218 von Journalisten) standen 224 Verkaufsempfehlungen (Analysten: 35, Journalisten: 189) gegenüber. Wer allen Empfehlungen folgte, erreichte lediglich die Marktrendite. Anleger konnten allerdings mit einer Sell-and-hold-Strategie (6, 12, 18 oder 24 Monate) hohe Überrenditen (die um die Marktrendite und das Risiko korrigierte Rendite) erzielen, indem sie die zum Verkauf empfohlenen Aktien leer verkauften.

Anleger können also von Empfehlungen profitieren. Gilt das auch für Trader? Kerl und Walter (2007) untersuchten dazu Kaufempfehlungen von deutschen Personal Finance Magazinen.

Daten: 2 860 Kaufempfehlungen, fünf Personal Finance Magazines — Kaufempfehlungen treiben Trading-Volumina und vor allem auch Aktienkurse in die Höhe. Dazu wurden die Empfehlungen von »Das Wertpapier«, »Effekten Spiegel«, »Börse Online«, »Telebörse« und »Capital« untersucht, mit denen eine durchschnittliche Überrendite von 2,58 Prozent erzielt werden konnte. Der Untersuchungszeitraum zur Bestimmung der Rendite lag bei fünf Tagen (zwei Tage vor bis zwei Tage nach der Publikation). Die beste Performance lieferten Aktien kleiner Unternehmen (5,88 Prozent). Die weiteren Plätze belegten mit 4,02 Prozent Wertaktien (engl. = value stocks) vor Wachstumsaktien (engl. = growth stocks; 1,61 Prozent).

Zeitraum: 1995–2003
Referenz: Kerl, Walter 2007

Wenn Sie annehmen, dass Sie mit dem Umsetzen von Kaufempfehlungen kurzfristig Überrenditen erzielen können, ist das nur die halbe Wahrheit. Sie benötigen auch eine Portion übersinnlicher Kräfte, da der Großteil der Marktreaktionen auf Empfehlungen bereits in den Tagen vor ihrer Publikation erfolgte. Woran könnte das liegen? Insiderhandel aufgrund von durchgesickerter Information? Wahrscheinlicher sind folgende Erklärungen: Die Redaktionen verfolgen kurzfristige Momentum-Strategien. Daher werden Aktien empfohlen, die in vorhergehenden Wochen »gut gelaufen« sind. Andererseits könnten Kaufempfehlungen auch Reaktionen auf Ad-hoc-Mitteilungen oder positive Fundamentaldaten sein.

4.2.2 Beraten und gekauft

Welchen Einfluss haben Informationen auf die Verhaltensweisen einzelner Anleger? Diese Frage ist schwierig zu beantworten, da einzelne Investoren unterschiedlich reagieren. Aussagen können unter Umständen über das Verhalten von Anlegergruppen gemacht werden, da Gruppen sich im Durchschnitt »menschlich« verhalten. Da fällt kaum auf, dass einzelne

Daten: großer Discount Broker, 166 Investmentclubs, 7559 Trades, USA	In Clubs wird der Gruppendruck verstärkt, was dazu führt, dass »vernünftige« Kaufgründe intensiver empfunden werden. Letztlich kauften »Investmentclubs« wie auch einzelne Privatanleger Aktien, wenn gute Gründe vorlagen (z. B. ausgezeichnete Fundamentaldaten oder die Firma rangierte auf der Beliebtheitsskala weit oben). Der Vergleich von 166 Investmentclubs (die vorwiegend in Wachstumsaktien mit geringer Marktkapitalisierung investierten) ergab, dass 100 Clubs (ca. 60 Prozent) eine durchschnittlich geringere Performance hatten als der Markt und – noch viel wichtiger – auch als einzelne Anleger. Der mittlere jährliche Nettogewinn von Investmentclubs lag bei 14,1 Prozent gegenüber 16,4 (einzelne Anleger) und 17,8 (S&P 500 Index-Fonds). Die Haltedauer eines Investments betrug durchschnittlich 18 Monate.
Zeitraum:	Feb. 1991 – Jan. 1997
Referenzen:	Barber, Odean 2000; Barber et al. 2003

Investoren gelernt haben, den Behavioral-Finance-Fallen Rechnung zu tragen. Die Wirkung von Informationen wurde z. B. anhand von Investmentclubs untersucht. Trading in der Gruppe – ein Schlüssel zum Erfolg?

Wie verhalten sich Frauen beim Investieren? Traden **Frauen** anders als **Männer**? **Renate Schubert** (Lehrstuhl: Nationalökonomie, Eidgenössische Technische Hochschule Zürich, www.econ.ethz.ch) untersuchte das geschlechterspezifische Verhalten in Finanzfragen. Frauen scheinen Informationen anders zu verarbeiten als Männer. Je mehr Informationen verfügbar sind, desto bewusster gehen Frauen mit den Risiken beim Trading um. Wird das Sicherheits- und Kontrollbedürfnis von Frauen durch weitere Informationen befriedigt? Frauen werden mit weiteren Informationen risikofreudiger, wohingegen bei Männern die Risikoaversion steigt (Gysler et al. 2002). Die Bedürfnisse von Frauen in Finanzfragen wurden lange Zeit übergangen. Das lag sicherlich auch daran, dass Erkenntnisse über unterschiedliches Verhalten von Geschlechtern fehlten. In der letzten Zeit versuchen Banken und Finanzdienstleister, die »Marktlücke« Frau zu schließen (z. B. www.frauenbank.de).

4.3 Verluste

Private Trader und Anleger gehören zur Verlierergruppe an der Börse. Die Gründe dafür sind in Verlustaversion, Regretaversion und Selbstüberschätzung zu suchen.

Abbildung 11 zeigt, wie viel Gewinn Sie machen müssen, um Verluste von 10 bis 90 Prozent auszugleichen. 10 Prozent Verluste sind schnell durch 11 Prozent Gewinne aufgeholt. Wenn Ihr Depot bereits 50 Prozent an Wert verloren hat, müssen Sie Ihr Kapital schon verdoppeln, um bei plus/minus null herauszukommen. Prüfen Sie Ihr Risiko- und Money-Management und setzen Sie sich vor allem mit der »Psychologie des Verlierens« auseinander, wenn Ihre Verluste zu hoch werden.

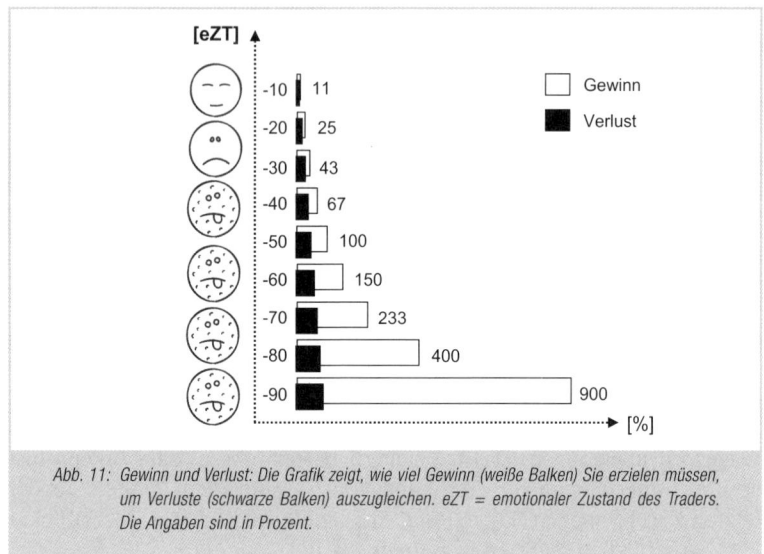

Abb. 11: *Gewinn und Verlust: Die Grafik zeigt, wie viel Gewinn (weiße Balken) Sie erzielen müssen, um Verluste (schwarze Balken) auszugleichen. eZT = emotionaler Zustand des Traders. Die Angaben sind in Prozent.*

4.3.1 Privatanleger verlieren, Institutionelle gewinnen

Die meisten Privatanleger sprechen über ihre Börsengewinne, obwohl die wenigsten langfristig Erfolg haben. Von Verlusten ist nur dann die Rede, wenn Gewinne unglaubwürdig sind oder aber die nicht verarbeiteten vergangenen Verluste den Grund liefern, um der Börse den Rücken zu kehren. Die Folgen der »Dotcom«-Blase haben viele Anleger noch immer nicht verarbeitet. Privatanleger verlieren systematisch auch ohne einen Crash, das belegt eine Studie aus Taiwan (Barber et al. 2009a).

Daten: alle Trades an der TSE, Taiwan | Institutionelle Anleger erwirtschaften jährlich 1,5 Prozent Gewinn nach Abzug von Steuern und Kosten für Kommissionen. Privatanleger dagegen verlieren durch Trading jährlich 2,2 Prozent vom Bruttoinlandsprodukt. Das entspricht 2,8 Prozent vom gesamten persönlichen Einkommen oder 85 Prozent der Gesamtausgaben für Kleidung und Schuhe (32 Milliarden US-Dollar innerhalb von 4 Jahren). Verluste waren vor allem auf Trading (27 Prozent), Kommissionen (32 Prozent) und Steuern (34 Prozent) zurückzuführen. Institutionelle Anleger erwirtschafteten unabhängig vom Orderverhalten Gewinne, wohingegen Privatanleger lediglich mit passivem Orderverhalten bei kurzfristiger Anlage erfolgreich waren.

Zeitraum: 1995–1999
Referenz: Barber et al. 2009a

Warum verlieren Privatanleger systematisch? Welche Rolle kommt dem **Dispositionseffekt** beim Trading zu? Wie groß ist der Einfluss von **Verlust-** und **Regretaversion**?

Daten: alle Trades an der TSE, Taiwan | 85 Prozent aller taiwanesischen Anleger leiden unter dem Dispositionseffekt: Gewinneraktien werden verkauft, an Verliereraktien wird dagegen festgehalten. Die Trennung von Verliereraktien kommt dem Eingeständnis gleich, einen Fehler gemacht zu haben. Dieses für Anleger charakteristische Verhalten war auch auf Verlustaversion zurückzuführen. Der Dispositionseffekt besteht in gleicher Weise für Long- und Short-Positionen und nimmt bei steigenden Märkten ab.

Zeitraum: 1995–1999
Referenz: Barber et al. 2007

Verlustaversion liefert keine ausreichende Erklärung für den Dispositionseffekt. Muermann und Volkmann (2007) sehen die wesentlichen Gründe für diesen Renditekiller in der **Abneigung gegen Bedauern** (engl. = **regret aversion**) und im **Stolz** (engl. = **pride**). Die Tendenz zur Einstandspreiserniedrigung durch weitere Käufe einer bereits gefallenen Aktie ist ebenfalls der Regretaversion zuzuschreiben (Barber et al. 2004). 20 Prozent der Privatanleger weisen keinen Dispositionseffekt auf. Die

Ausprägung des Dispositionseffekts ist abhängig von der Häufigkeit des Tradens, vom Wissen über die Märkte und von demografischen Merkmalen. Privatanleger mit geringen Einkommen und nicht berufsmäßig Beschäftigte weisen höchste Dispositionseffekte auf (Dhar, Zhu 2006).

Die **Selbstüberschätzung** von Privatanlegern nimmt mit steigenden Märkten zu. Diese führt zu einem weiteren Renditekiller: übermäßiges Trading (Barber, Odean 1999). Wer profitiert von diesem Verhalten? Banken, Online-Broker und vor allem Market-Maker, die davon leben.

4.3.2 Daytrader verlieren

Daytrader trainieren im Gegensatz zu Anlegern täglich an der Börse. Sie führen einen Roundturn (engl. = round turn, eine abgeschlossene Transaktion) an einem Tag durch. Daytrader kaufen und verkaufen oder verkaufen leer und kaufen anschließend. Zwei große Studien liefern wichtige Erkenntnisse über Daytrader: Barber und Kollegen (2005a) werteten in einem 4-Jahres-Zeitraum die Transaktionen aller Daytrader in Taiwan, der zwölftgrößten Börse, unter Performance-Gesichtspunkten aus. Linnainmaa (2003) untersuchte in einer Studie, die sich über 2,5 Jahre erstreckte, die Trades aller finnischen Daytrader und gelangte zu einem interessanten Psychogramm.

 Daten: 7686 Daytrader bei 413 645 Haushalten, Helsinki Stock Exchange, Finnland

Der charakteristische Daytrader ist männlich, in den späten 30ern und lebt in einer Stadt. Daytrader orientieren sich meistens am Orderbuch. Sie traden besonders viel vor Börsenschluss, haben allerdings keine bessere Performance als Anleger. Ihre realisierten Gewinne sind zwar hoch, doch nicht repräsentativ für die Gesamtperformance. Den höchsten Gewinn erzielen Daytrader mit dem ersten Trade. Die Märkte hinterlassen Spuren bei den Daytradern, die allerdings auch mit der Zeit selbstsicherer werden. Dadurch wird ihr Trading-Verhalten aggressiver. Sie gehen öfter Leerverkäufe ein, traden größere Volumina und nehmen höhere Fremdfinanzierung in Anspruch.

Zeitraum: Jan. 1998 – Mai 2000

Referenz: Linnainmaa 2003

Daytrading hat in Taiwan einen hohen Stellenwert. 20 Prozent des gesamten Trading-Volumens ist auf Daytrading zurückzuführen. Die Studie von Barber und Kollegen (2005a) leistet einen Beitrag zur Frage: Wie erfolgreich sind Daytrader wirklich?

Daten: Transaktionen von 139 000 Daytradern an der TSE, Taiwan

Die Untersuchung der Ertragskraft aller taiwanesischen Daytrader liefert ernüchternde Ergebnisse: In einem typischen 6-Monats-Zeitraum verloren durchschnittlich mehr als acht von zehn Daytradern Geld. Allerdings gab es eine sehr kleine Gruppe mit guter Performance, die es schaffte, kontinuierlich Gewinne zu erzielen. Diese Gruppe hatte durchschnittliche Renditen von 0,62 Prozent pro Tag, die ausreichten, um ihre Trading-Kosten zu decken.

Zeitraum: 1995–1999
Referenz: Barber et al. 2005a

Regelmäßiges Trading führt zur langfristigen Auflösung des Dispositionseffekts (Dhar, Zhu 2006). Daytrader sollten also einen Mittelweg zwischen übermäßigem Trading und dem Abbau des Dispositionseffekts finden.

Privatanleger verlieren systematisch. In der Gruppe der Daytrader ist der Erfolg auf wenige beschränkt. Liegt die Herausforderung im Umgang mit Verlusten? Wie geht das Gehirn mit Verlusten um?

4.3.3 Verlierer erhöhen das Risiko

Verluste hinterlassen Spuren im Gehirn, die dazu führen können, den Einsatz beim folgenden Trade zu erhöhen. Das Gehirn »denkt« nach einem Verlust, dass Gewinn nur noch eine Frage der Zeit ist, auch wenn das Chance/Risiko-Verhältnis ausgeglichen ist.

Verluste scheinen dem Gehirn »Sinn und Verstand« zu nehmen. Die Folgen sind emotionale Trading-Entscheidungen, bei denen logische Zusammenhänge und Wahrscheinlichkeiten unberücksichtigt bleiben.

Daten: 6 Frauen und 6 Männer im Alter zwischen 19 und 30 Jahren Versuchspersonen hatten die Aufgabe (vergleichbar mit dem Roulettespiel), sich zwischen zwei Zahlen (5 und 25) zu entscheiden, die eine Sekunde nach der Entscheidung eine grüne oder rote Hintergrundfarbe annahmen (grün = Gewinn, rot = Verlust). Das Reaktionsverhalten der Versuchspersonen wurde anhand von EEG-Messungen ausgewertet. Das menschliche Gehirn benötigte gerade einmal eine viertel Sekunde (265 Millisekunden), um ein Ergebnis als Gewinn oder Verlust einzuordnen. Wichtiger war allerdings, dass das Verhalten im nächsten Spiel beeinflusst wurde, ohne dass sich die Versuchspersonen bewusst entschieden hatten. Ein verlorenes Spiel führte immer dazu, dass im darauffolgenden ein höheres Risiko eingegangen wurde. Die Folge waren weitere Verluste.

Referenz: Gehring, Willoughby 2002

4.3.4 Verlustserien auf der Spur

Die tieferliegenden Gründe für Verlustserien oder große Verlust-Trades gehen oftmals auf unbewusste Schuldgefühle oder Verlustängste zurück. Was denken Sie über Schuld? Haben Sie Schulden? Fühlen Sie sich schuldig?

Trading ist eine Möglichkeit, sich von diesen Emotionen zu befreien. Setzen Sie sich daher mit dem Themenkomplex »Schuld und Schulden« auseinander. Haben Sie schon einmal positive Empfindungen, z.B. Zufriedenheit, Glück und Freiheit, in Zusammenhang mit dem Verlust von Geld erlebt? Ihre Verluste sind vielleicht die Gewinne anderer. Daher könnte es sein, dass Sie bei Verlust-Trades so etwas wie ein »Abtragen von Schuld« empfinden. Vielleicht aber verstehen Sie gar nicht, warum Sie immer und immer wieder Geld verlieren? Trennungen von Menschen, Gegenständen oder Orten sind oftmals mit einem nicht bewussten Verlustschmerz verbunden. Verluste, die Ihnen durch Trading entstehen, tragen dazu bei, diese Emotion immer wieder zu erleben.

Abbildung 12 zeigt die Wirkung von Verlusten auf den emotionalen Zustand des Traders (eZT). Die Verluste sind mit V_1 bis V_{n+1} bezeichnet. Die zeitlichen Abstände werden von Verlust zu Verlust kürzer, denn der Druck zu traden nimmt mit der Zeit zu, weil der Trader durch weitere Trades versucht, entstandene Verluste auszugleichen. Der eZT wird allerdings mit jedem weiteren Verlust bedenklicher. Ab einem bestimmten Zeitpunkt könnte der Trader einen psychologischen Schock erleben, der große Auswirkungen auf weitere Trades hat. Dieser kann z. B. durch eine anhaltende Verlustserie oder auch einen besonders hohen Verlust-Trade ausgelöst werden. Das graue Feld in Abbildung 12 zeigt an, dass der geschockte Trader Unterstützung z. B. von einem Persönlichkeitstrainer benötigt.

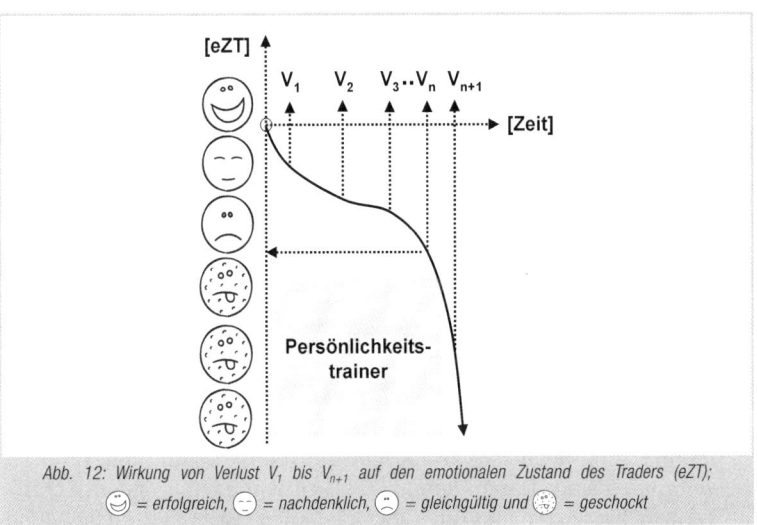

Abb. 12: Wirkung von Verlust V_1 bis V_{n+1} auf den emotionalen Zustand des Traders (eZT); 😄 = erfolgreich, 😐 = nachdenklich, 😕 = gleichgültig und 😵 = geschockt

Der durch Verluste hervorgerufene psychologische Schock speichert sich in bestimmten Körperzellen und wirkt auch noch, wenn alles vorbei ist, also der Verlust bereits eingetreten ist. Der geschockte Trader wird vielleicht den sich gegen seine Position entwickelnden Kurs mit Entsetzen verfolgen, ohne die Position zu schließen. Stoppkurse sind da sehr hilfreich und machen Sie ein Stück weit unabhängig von Ihren und den an der Börse wirkenden Emotionen.

Die Wirkung von psychologischen Schocks kann Stunden, Tage, Monate oder auch lebenslang anhalten. Sie sollten daher aufgelöst werden. Vielleicht werden Sie einwenden, dass die Schockwirkung mit der Zeit nachlässt. Das stimmt teilweise, denn viele Wunden heilen tatsächlich mit der Zeit.

Nicht verarbeitete Emotionen jedoch werden bei der nächsten Möglichkeit den Schock erneut sichtbar machen. Er ist in Ihren Zellen gespeichert und Sie werden auf Ihren bereits bestehenden einen weiteren setzen. Auch dieser wird in Ihren Zellen gespeichert. Natürlich wirkt immer der zeitlich nahe liegende besonders intensiv. Die in Ihnen gespeicherten Informationen beeinflussen jedoch Ihr Trader-Leben nachhaltig.

4.3.5 Gewinner lernen zu verlieren

Bevor Sie die Erfahrung von psychologischen Schocks machen, sollten Sie lernen, mit Verlusten umzugehen. Das gilt in erster Linie für Trader, deren »täglich Brot« davon abhängt. Verluste könnten natürlich auf eine nicht ausgereifte Strategie zurückgeführt werden. Vielleicht entstehen sie auch dadurch, dass Sie den aktuellen Gegebenheiten der Märkte nicht genügend Rechnung tragen. Viel wichtiger allerdings sind Verluste, die aus dem Nicht-Akzeptieren von Realitäten entstehen.

○ **Realität 1**: Trading-Entscheidungen werden unter Unsicherheit getroffen. Da die Entwicklung von Trades nicht vorhersehbar ist, sind zwangsläufig auch falsche Entscheidungen dabei, die mit Verlusten verbunden sind. Darauf können Sie sich vorbereiten, indem Sie Ihre Verluste begrenzen und Ihre Gewinne laufen lassen. Setzen Sie Stoppkurse, um Ihr Kapital zu schützen, und ziehen Sie sie nach, wenn Sie im »Gewinn« sind.

○ **Realität 2**: Menschen haben das Bedürfnis, die Märkte und deren Reaktionen zu verstehen. Sie kommen allerdings weiter, wenn Sie verinnerlichen:»Ich weiß, dass ich nichts weiß!« Sie können die Börse nicht verstehen. Trader gewinnen mit Trading-Strategien, die weniger als 50 Prozent Trefferquote aufweisen, weil ihre Gewinn-Trades durchschnittlich sehr viel höher sind als ihre Verlust-Trades.

○ **Realität 3**: Trader sind oft gar nicht so sehr durch die Verluste betroffen, vielmehr haben sie Schwierigkeiten, die damit verbundenen Emotionen zu ertragen. Wenn Sie Geld verlieren, werden Sie vielleicht Emotionen wie Angst, Panik, Versagen oder ein niedriges Selbstwertgefühl spüren. Die meisten Menschen schützen sich davor, indem sie sich ablenken. Ablenkung kann darin bestehen, dass Sie weitere Trades durchführen, übermäßig viel essen oder auch Ihre Sinne vernebeln, indem Sie Zigaretten rauchen. Damit unterdrücken Sie zwar unangenehme Emotionen, Ihre Probleme weiten sich allerdings auf die körperliche Ebene aus.

Akzeptieren Sie diese und andere Realitäten. Lernen Sie, kontrolliert zu verlieren (Stoppkurs-Strategie), und traden Sie weiter.

Wozu sind Verluste gut? Verluste weisen Sie darauf hin, Ihre Trading-Strategie zu prüfen und sich Ihre rationalen und emotionalen Muster bewusst zu machen. Nehmen Sie die Lernaufgaben an, die Verluste mit sich bringen.

5 Trading mit Strategie

Erfolgreiches Traden ist eine Kunst (Schäfermeier 2007). »Unabhängig traden, selbstständig handeln« ist eine Qualität, die vor allem Trader auszeichnen sollte (Tharp 2006b). Sicherlich profitieren Sie auch, wenn Sie ein Experte im Money-Management werden (Jünemann, Imbacher 2007; Tharp 2006a) und die Zusammenhänge der technischen Analyse verstanden haben (Murphy 2004; Schwager 2003). Das Durchschauen von Behavioral-Finance-Fallen ist ebenso wichtig, weil Börsenkurse letztlich von menschlichem Verhalten bestimmt werden. Trader und Investoren brauchen neben Basiswissen vor allem Disziplin bei der Umsetzung einer Strategie. Was zeichnet eine Trading-Strategie aus?

5.1 Bausteine der Trading-Strategie

Welche Möglichkeiten haben Sie, System in Ihre Trading-Entscheidungen zu bringen? Führen Sie ein **Trading-Tagebuch**, damit Sie Ihre Entwicklung nachvollziehen können? Lernen Sie vor allem systematisch zu traden, indem Sie eine Strategie entwickeln, die Ihrem Charakter entspricht.

Trading-Strategien setzen sich aus verschiedenen Bausteinen zusammen. Ihre Ziele sollten mit den von Ihnen bevorzugten **Märkten** und **Anlageprodukten** im Einklang stehen. Finden Sie die **Charteinstellung** (Minuten, Stunden, Tage oder Wochen), mit der Sie am besten zurechtkommen. Legen Sie Regeln für den **Einstieg** (engl. = entry) und vor allem für den **Ausstieg** (engl. = exit) fest. Der Ausstieg begrenzt Ihr Risiko, schützt Ihr Kapital und sichert auch Ihre Gewinne. Hohe **Chance-/Risiko-Verhältnisse** erlauben Ihnen, auch bei niedrigen **Trefferquoten** erfolgreich zu traden. **Risiko-** und **Money-Management** bilden Ihre Basis. Sie sollten sich Ihre weiteren Kosten durch regelmäßige **Trading-Kosten-Checks** bewusst machen.

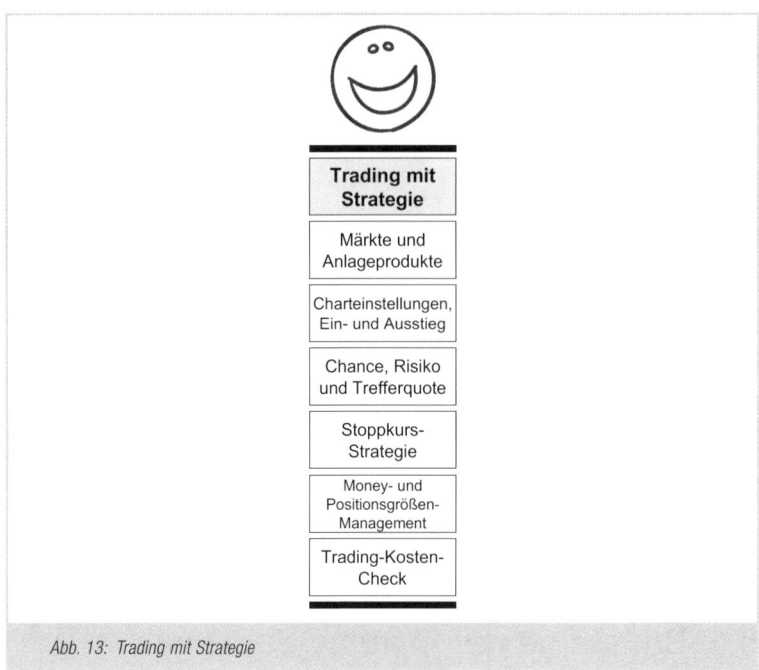

Abb. 13: Trading mit Strategie

Letztlich kommt es darauf an, dass Sie Ihre Trading-Strategie konsequent umsetzen. Traden Sie systematisch, indem Sie z. B. Ihre Strategie programmieren. Dafür benötigen Sie eine gute Hard- und Software. Das von Ihnen programmierte 🖥 Handelssystem (engl. = trading system) wird Ihnen dann situationsbedingt Long- oder Short-Trades vorschlagen. Beachten Sie bei der Optimierung Ihres Systems die Gefahr einer Überoptimierung (🖥 Curve Fitting). Trader, die sich mit der Entwicklung und dem Backtesting von Handelssystemen beschäftigt haben, wissen, dass die Kennzahlen im Trade-Report schwierig zu interpretieren sind. Was sagt der Report über die Qualität eines Handelssystems aus? Welche Kennzahlen müssen besonders beachtet werden? Der 🖥 Fröhlich-Faktor fasst diese Zahlen zu einer Kennzahl zusammen und erlaubt so eine schnelle und zuverlässige Aussage über die Qualität eines Handelssystems (Fröhlich 2003). Eine Software, die den Fröhlich-Faktor im Trade-Report ausweist, ist

z. B. der NanoTrader der Firma Fipertec (www.fipertec.de). Der Behavioral-Finance-Experte könnte bei der Programmierung auch Sentimentindikatoren, das Wissen von Marktanomalien, die Gesetzmäßigkeiten der Elliott-Wellen-Theorie und/oder die Erkenntnisse von Numerologie und Rhythmik berücksichtigen. Vielleicht greifen Sie aber auch auf bewährte Strategien zurück (Cooper 2000, Tharp 2008)? Handelssysteme sind nicht auf den Erfolg einzelner Trades ausgerichtet, sondern auf die Umsetzung einer langfristig profitablen und verlässlichen Strategie.

Für Trader ist die Vorbereitung auf den Handelstag wichtig. Gehen Sie Long oder Short? Wo liegen die Unterstützungen und wo die Wider-

Name der Position	Datum	
Emotionaler Zustand	😀☐ 😐☐ 🙁☐ 😵☐	
Chart	Unterstützungen	Widerstände
1 min		
5 min		
Stunden-		
Tages-		
Monats-		
Wirtschaftsnachrichten (Uhrzeit)		
Sentimentindikatoren		
	Trade 1	Trade 2
Positionsgröße		
Chance-/Risiko-Verhältnis		
aktueller Kurs bei		
Long bei		
Short bei		
Stoppkurs bei		
Stoppkurs nachziehen bei		
Trading-Kriterien erfüllt?		
Trading von/bis (Uhrzeit)		
Ergebnis (Gewinn/Verlust)		
Verbesserungen		

Tab. 5: Vorlage für Trader zur Vorbereitung auf den Handelstag

stände? Orientieren Sie sich an Minuten-, Stunden-, Tages- oder Monats-charts? Wann werden Wirtschaftsnachrichten erwartet, die Ihre Position beeinflussen könnten? Was sagt das Sentiment für Ihre Anlage? Wie ist Ihr emotionaler Zustand? Eine Vorlage könnte Struktur in Ihren Trading-Alltag bringen (Tab. 5).

Planen Sie langfristige Investitionen ebenso systematisch. **Investoren** sollten den Trend erkennen. Geht es aufwärts, abwärts oder seitwärts? Sie könnten z. B. auf starke Börsentrends setzen. Fragen Sie sich, was »in« oder bis auf weiteres knapp ist. Positive Sentiment- und Fundamentaldaten wirken in der Regel trendstärkend. Langfristige Durchschnitte (z. B. 50 oder 200 Tage) und die Analyse der Kursentwicklung auf Tages- und Wochenschlusskurs-Basis könnten für Sie ebenfalls interessant sein. Fortlaufender XETRA-Handel erleichtert Ihnen den Ab- oder Aufbau von Positionen. Auch Ihre Order sollte eine bestimmte Größe aufweisen, damit Trading-Kosten und Slippage in angemessenem Verhältnis zur Position stehen. Wenn Sie über wenig Kapital verfügen, könnten Sie einen Sparplan z. B. auf Indizes abschließen, denn die Investition in Indizes ist gegenüber Fonds-Sparen mit weniger Kosten verbunden. Anlageprodukte in Ihrer Landeswährung und maßvolle Portfoliodiversifikation könnten Ihr Risiko verringern und Ihren Börsenerfolg steigern.

5.2 Chance, Risiko und Trefferquote

Das Verhältnis von Kurspotenzial (Chance) zu Verlustbegrenzung (Risiko) wird **Chance-/Risiko-Verhältnis** genannt. Wenn Sie eine Position eingehen, verbinden Sie damit eine Erwartung (Kursziel), andererseits können Ihnen auch Verluste entstehen (Abb. 14).

Beispiel: Sie erwerben eine Aktie bei 36 Euro, bestimmen ein Kursziel von 48 Euro und legen den Stoppkurs auf 33 Euro fest. Das Chance-/Risiko-Verhältnis lässt sich nach Formel 1 berechnen.

$$\text{CRV} = \frac{\text{Kursziel [€]} - \text{Kaufkurs [€]}}{\text{Kaufkurs [€]} - \text{Stoppkurs [€]}} = \frac{48 \text{ €} - 36 \text{ €}}{36 \text{ €} - 33 \text{ €}} = 4 \qquad (1)$$

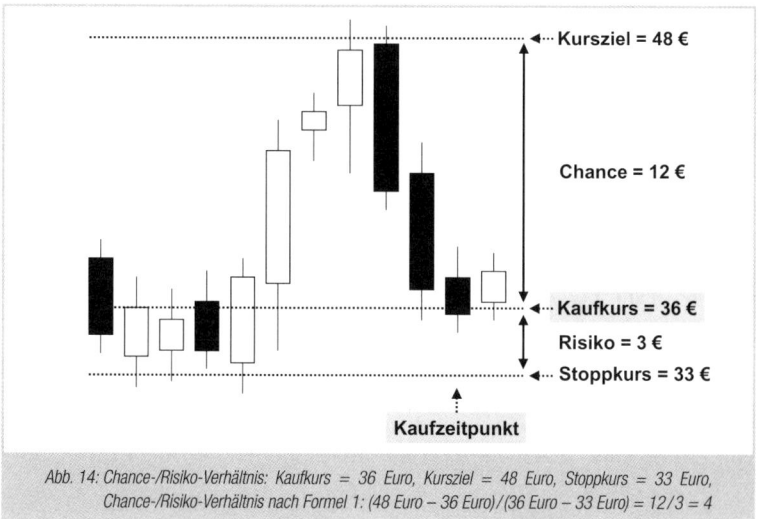

Abb. 14: Chance-/Risiko-Verhältnis: Kaufkurs = 36 Euro, Kursziel = 48 Euro, Stoppkurs = 33 Euro, Chance-/Risiko-Verhältnis nach Formel 1: (48 Euro – 36 Euro)/(36 Euro – 33 Euro) = 12/3 = 4

Das Chance-/Risiko-Verhältnis beträgt vier. Das bedeutet, dass Sie bereits ab einer **Trefferquote** von 20 Prozent Gewinne machen (bei Vernachlässigung von Slippage und Trading-Kosten). Wenn Sie z. B. 100 Aktien für eine Gesamtsumme von 3600 Euro kaufen, gewinnen Sie 1200 Euro bei Erreichen des Kursziels von 48 Euro. Fallen die Kurse auf 33 Euro, verlieren Sie 300 Euro. Sie kommen immer noch bei plus/minus null heraus, wenn Sie nach einem Gewinn viermal ausgestoppt werden.

Bevor Sie traden oder investieren, sollten Sie immer Kursziel und Stoppkurs bestimmen. Gerade das Setzen eines Stoppkurses erfordert allerdings sehr viel Erfahrung. Wenn Sie nur bei Chance-/Risiko-Verhältnissen von mindestens drei zu eins traden, werden Sie auch mit wenigen erfolgreichen Trades eine gute Performance erzielen.

E-Learning (electronic learning, engl. = elektronisch unterstütztes Lernen) könnte Sie bereichern. Ich habe positive Erfahrungen mit dem Chartlehrgang unter www.godmode-trader.de/wissen gemacht. Lernen Sie die Grundregeln der Charttechnik und trainieren Sie regelmäßig z. B. unter www.tradesignalonline.com.

5.3 Money-Management

Money-Management beantwortet verschiedene Fragen bezüglich der **Profitabilität**, des **Kapitaleinsatzes** und des **Risikos** (Jünemann, Imbacher 2007). Prüfen Sie, ob Ihre Investionen und/oder Ihre Trading-Strategie profitabel sind. Der **Profitfaktor** (**PF**) gibt darüber Aufschluss (Formel 2).

$$PF = \frac{\text{Zahl der Gewinn-Trades}}{\text{Zahl der Verlust-Trades}} \cdot \frac{\varnothing \text{ Gewinn}}{\varnothing \text{ Verlust}} \qquad (2)$$

Im ersten Teil der Multiplikation ist die Zahl der Gewinn- zu denen der Verlust-Trades ins Verhältnis gesetzt. Der zweite Teil gibt das Verhältnis durchschnittlicher Gewinne zu denen der Verluste wieder. Profitfaktoren von größer eins zeigen an, dass Ihre Investitionen und/oder Ihr Trading profitabel sind.

Wenn Sie Ihre Gewinnziele und Verlustbegrenzungsstopps geschickt wählen, können Sie bereits mit Trefferquoten von unter 50 Prozent langfristig Geld verdienen. Dazu zwei **Beispiele**: Sie legen Ihr Gewinnziel auf drei Punkte und die Verlustbegrenzung auf zwei Punkte fest. Dabei entspricht ein Punkt 100 Euro. Entweder Sie gewinnen 300 Euro oder werden ausgestoppt und verlieren 200 Euro. Tabelle 6 zeigt die Ergebnisse für 35, 40, 45 und 50 Prozent Gewinn-Trades. Wenn Sie mit 45 Prozent Ihrer Trades Erfolg haben, verdienen Sie bei 100 Trades bereits 2500 Euro.

Trader, die gelernt haben, Marktlagen mit hohem Momentum zu nutzen, setzen vielleicht ihr Gewinnziel auf fünf Punkte fest. Damit stehen 500-Euro-Gewinne Verlust-Trades von 200 Euro gegenüber. Tabelle 7 zeigt Ihnen, dass Sie bereits bei einer Trefferquote von 30 Prozent Gewinne machen.

Den **Kapitaleinsatz** können Sie z. B. nach dem Prozent-Risiko-Modell von **Van K. Tharp** berechnen. Wenn Sie sich für 1 Prozent **Risiko pro Position** entscheiden, entspricht das bei einem Gesamtdepotwert von 100 000 Euro einem maximalen Verlust von 1000 Euro pro Position. Das Gesamtrisiko und die Zahl der Positionen verhalten sich proportional zueinan-

	I	II	III	IV
Zahl der Gewinn-Trades	35	40	45	50
Zahl der Verlust-Trades	65	60	55	50
Ø Gewinn [€]	300	300	300	300
Ø Verlust [€]	200	200	200	200
Gesamtgewinn [€]	-2500	0	2500	5000
Profitfaktor	0,81	1	1,23	1,5

Tab. 6: *Profitfaktor berechnet nach Formel 2; Profitfaktoren von größer eins (kleiner eins) bedeuten, dass Sie Gewinne (Verluste) machen. Das Verhältnis der durchschnittlichen Gewinne zu denen der Verluste beträgt drei zu zwei (300 zu 200 Euro). Der Gesamtgewinn wird folgendermaßen berechnet: Gesamtgewinn = (Zahl der Gewinn-Trades · Ø Gewinn [€]) − (Zahl der Verlust-Trades · Ø Verlust [€]). Beispielrechnung für III (100 Trades: 45 Gewinn-Trades, 55 Verlust-Trades): 45 · 300 Euro = 13 500 Euro, 55 · 200 Euro = 11 000 Euro. Der Gesamtgewinn beträgt: 13 500 Euro − 11 000 Euro = 2500 Euro. Der Profitfaktor liegt bei: 13 500 Euro/11 000 Euro = 1,23. Beachten Sie, dass Sie bei einem ausgeglichenen Verhältnis von Gewinn- zu Verlust-Trades langfristig Geld verdienen. Trading-Kosten und Slippage sind nicht berücksichtigt.*

	I	II	III	IV
Zahl der Gewinn-Trades	25	30	35	40
Zahl der Verlust-Trades	75	70	65	60
Ø Gewinn [€]	500	500	500	500
Ø Verlust [€]	200	200	200	200
Gesamtgewinn [€]	-2500	1000	4500	8000
Profitfaktor	0,83	1,07	1,35	1,67

Tab. 7: *Profitfaktor berechnet nach Formel 2; Profitfaktoren von größer eins (kleiner eins) bedeuten, dass Sie Gewinne (Verluste) machen. Das Verhältnis der durchschnittlichen Gewinne zu denen der Verluste beträgt fünf zu zwei (500 zu 200 Euro). Der Gesamtgewinn wird folgendermaßen berechnet: Gesamtgewinn = (Zahl der Gewinn-Trades · Ø Gewinn [€]) − (Zahl der Verlust-Trades · Ø Verlust [€]). Beispielrechnung für IV (100 Trades: 40 Gewinn-Trades, 60 Verlust-Trades): 40 · 500 Euro = 20 000 Euro, 60 · 200 Euro = 12 000 Euro. Der Gesamtgewinn beträgt: 20 000 Euro − 12 000 Euro = 8000 Euro. Der Profitfaktor für 40 Prozent Gewinn-Trades liegt bei: 20 000 Euro/12 000 Euro = 1,67. Beachten Sie, dass Sie mit vier Gewinn-Trades zehn Verlust-Trades ausgleichen und mit dieser Strategie bereits bei 30 Prozent Gewinn-Trades langfristig Geld verdienen. Trading-Kosten und Slippage sind nicht berücksichtigt.*

der. Zehn Positionen entsprechen bei einem Depotwert von 100 000 Euro einem 10-prozentigen Risiko (10 000 Euro). Die **Stückzahl** (**SZ**) ermitteln Sie in Abhängigkeit vom Kauf- und Stoppkurs (Formel 3).

$$SZ = \frac{\text{Risiko pro Position [€]}}{\text{Kaufkurs [€]} - \text{Stoppkurs [€]}} \tag{3}$$

Im Beispiel zum Chance-/Risiko-Verhältnis (Abbildung 14) wurde die Charttechnik verwendet, um Kauf- und Stoppkurs einer Aktie festzulegen. Der Kaufkurs betrug 36 Euro, der Stoppkurs war bei 33 Euro (8,3 Prozent Risiko). Damit errechnet sich nach Formel 3 eine Stückzahl von 333, die einer Positionsgröße von 11 988 Euro entspricht (Position I, Tab. 8).

Position	I*	II*	III**
Kaufkurs [€]	36	36	36
Stoppkurs [€]	33	32	32
Risiko pro Position [%]	8,3	11,1	11,1
Risiko pro Position [€]	1000	1000	1000
Stückzahl	333	250	199
Positionsgröße [€]	11 988	9000	7164

Tab. 8: Ein-Prozent-Risiko-Modell: Gesamtkapital = 100 000 Euro; Risiko pro Position = 1000 Euro; Position I, II* = Berechnung mit Formel 3, Position III** = Berechnung mit Formel 4; Beispielrechnung zur Stückzahlbestimmung für Position II: 1000 Euro/(Kaufkurs – Stoppkurs) = 1000 Euro/(36 Euro – 32 Euro) = 1000 Euro/4 Euro = 250; Trading-Kosten und Slippage sind nicht berücksichtigt.

Position II unterscheidet sich von Position I dadurch, dass der Stoppkurs auf 32 Euro festgelegt wurde. Der Investor könnte das damit verbundene höhere Risiko von 4 Euro pro Aktie (11,1 Prozent) deshalb eingehen, weil die Aktie in der letzten Zeit eine höhere Volatilität hatte. Die Stückzahl liegt dann bei 250 (Positionsgröße 9000 Euro).

$$SZ = \frac{\text{Risiko pro Position [€]}}{\text{Kaufkurs [€]} \cdot 1,015 - \text{Stoppkurs [€]} \cdot 0,985} \tag{4}$$

Formel 4 berücksichtigt 0,5 Prozent Trading-Kosten und 1 Prozent für Slippage (die beim Kauf und Verkauf anfallen können). Die Einbeziehung dieser Kosten führt bei gleichen Kennzahlen wie in Position II zu einer Positionsgröße von 7164 Euro (199 anstatt 250 Aktien, III).

Money-Management ist vor allem für Trader wichtig, weil z.B. beim CFD-, Devisen- und Futures-Trading eine Sicherheitsleistung (engl. = margin) verlangt wird. Die Margin gewährleistet, dass Trader entstehende Verpflichtungen erfüllen können, wenn die Kursentwicklung zu ihrem Nachteil verläuft. Daher ist es wichtig, dass das Verhältnis von eingesetztem Kapital einschließlich der Margin zum Gesamtkapital angemessen ist.

Die Positionsgröße (Zahl der Kontrakte) wird in Gewinnserien erhöht, bei Verlusten dagegen reduziert. Reinvestition der Gewinne führt zu einem Zinseszinseffekt. Die Frage, unter welchen Bedingungen die Zahl der Kontrakte erhöht und wann sie reduziert wird, lässt sich mit unterschiedlichen mathematischen Ansätzen bestimmen (Anti-Martingale, Pyramiding).

Investoren greifen oft auf das bekannte Ein-Prozent-Risiko-Modell zurück. Trader sollten sich allerdings intensiver mit den verschiedenen Möglichkeiten des Money-Managements beschäftigen:

Die Bezugsgröße beim **Modell Fixer Delta-Betrag** ist das Kapital. Die Zahl der Kontrakte (ZK) berechnet sich nach ZK = Kapital/Delta (abgerundet auf ganze Zahlen). Wenn Sie z. B. festlegen, dass Sie pro 10 000 Euro einen Kontrakt traden, sind das bei einem Kapital von 25 000 Euro zwei Kontrakte (25 000 €/10 000 € = 2,5) und bei 58 000 Euro sieben Kontrakte (58 000 €/10 000 € = 5,8). Beachten Sie, dass Sie unterhalb von 10 000 Euro kein Money-Management haben.

Beim **Modell Variabler Delta-Betrag** wird Delta mit dem Risiko (z. B. der Volatilität) verknüpft: Delta = Risiko/Prozent. Wenn Sie Ihren Stoppkurs auf 500 Euro und ein Risiko von 2 Prozent festlegen, benötigen Sie zum Traden ein Kapital von 25 000 Euro/Kontrakt (500 €/0,02 = 25 000 €).

Das **Fixed-Ratio-Delta-Modell** berücksichtigt auch einen Ausgleich zwischen Kapitalwachstum und Risiko. Der Wert für Delta beträgt 10 000 Euro, die Zahl der Kontrakte (ZK) wird dann folgendermaßen berechnet:

$$\text{Anpassung} = [(ZK \cdot ZK - ZK)/2] \cdot \text{Delta} \qquad (5)$$

Die berechnete Kontraktzahl kann bei gleichem Gesamtkapital von Modell zu Modell sehr unterschiedlich sein. 58 000 Euro führen bei der Berechnung nach dem Modell Fixer Delta-Betrag zu einer Kontraktzahl

<	>	Kontraktzahl	Delta
0	10 000 €	1	10 000 €
10 000 €	30 000 €	2	10 000 €
30 000 €	60 000 €	3	10 000 €

Tab. 9: Berechnung der Kontraktzahl nach dem Fixed-Ratio-Delta-Modell

von fünf, wohingegen Sie nach dem Fixed-Ratio-Delta-Modell lediglich drei Kontrakte traden (Tab. 9).

5.4 Stoppkurs-Strategie

Trader verwenden Stoppkurse, um das Risiko und/oder die Verluste zu beschränken oder Gewinne zu sichern. Dabei sollten Sie vor allem zwei Regeln beachten:

○ Regel 1: Riskieren Sie nicht mehr als 1 Prozent Ihres Kapitals pro Trade.

Trader sollten möglichst lange in einer Position bleiben und bei kleineren Korrekturbewegungen nicht sofort ausgestoppt werden. Dennoch sollten Sie sofort nach Öffnen einer Position Verlustbegrenzungs-Stopps setzen. Stoppkurse haben den Nachteil, dass sie von anderen Marktteilnehmern eingesehen und auch genutzt werden können, sie schützen allerdings auch Ihr Kapital.

○ Regel 2: Schützen Sie Ihre Gewinne, lassen Sie niemals einen Gewinn-Trade zu einem Verlust-Trade werden.

Begrenzen Sie Ihre Verluste und lassen Sie Ihre Gewinne laufen. Die Frage ist, inwieweit sich das mit dem Traden von Gewinnzielen (engl. = profit targets) vereinbaren lässt, weil Gewinnziele Ihre Gewinne begrenzen. Dennoch sollten Sie Ihre Gewinne schützen, indem Sie Trailing-Stopps (engl. = nachlaufende, nachziehende Stopps) verwenden und mehrere Kontrakte traden.

Sie können bei Ihrer Stoppkurs-Strategie preis-, indikator- und zeitabhängige Stopps verwenden: **Preisabhängige Stopps** orientieren sich an der Entwicklung der offenen Position, z. B. Trailing-Stopps. Sie können Stopps z. B. in der Nähe von Hochpunkten, Tiefpunkten, Widerständen und/oder Unterstützungen setzen. **Indikatorabhängige Stopps** bieten sich an, wenn Ihre Trades stark im Gewinn sind. Trader verwenden dazu Oszillatoren oder gleitende Durchschnitte, z. B. den **ATR** (engl. = average true range), den gleitenden Durchschnitt der True-Range-Werte. True-Range-Werte werden folgendermaßen berechnet: True High (engl. = das wahre Hoch; Tageshoch oder Vortagsschlusskurs, je nachdem, welcher der beiden Werte größer ist) minus True Low (engl. = das wahre Tief; Tagestief oder Vortagsschlusskurs, je nachdem, welcher der beiden Werte kleiner ist; Schwager 2003). **Zeitabhängige Stopps** nutzen Sie zum Öffnen oder Schließen von Positionen zu bestimmten Zeiten, z. B. zu Handelsbeginn oder Handelsschluss. Offene Positionen sollten Sie spätestens bei Handelsschluss glatt stellen, um Übernachtpositionen zu vermeiden.

Beim Setzen von Stoppkursen sollten Sie die **Volatilität** des Marktes berücksichtigen. Volatile Aktien z. B. verlangen nach großzügig gesetzten Stopps. Das ist gerade für Trader mit kleineren Konten schwierig. Sie setzen ihre Stopps oft nahe am Einstiegskurs und werden immer wieder durch die »normalen« Marktbewegungen ausgestoppt.

Stopps sollten allerdings aufgrund des erhöhten Risikos auch nicht zu weit vom Einstiegskurs entfernt liegen. Wenig Sinn machen Stopps mit einer festgelegten Prozentzahl unterhalb oder oberhalb des Einstiegskurses oder Stopps, die in Abhängigkeit des verfügbaren Kapitals festgelegt werden. Bestimmen Sie Ihre Stoppkurse anhand von **Fundamentaldaten** und **Technischer Analyse**. Nutzen Sie Technische Analyse zur Bestimmung von Ein- und Ausstiegskursen. Fundamentaldaten wirken in bestimmten Märkten oft über Wochen, Monate oder sogar Jahre. Sie sollten daher Ihre Stoppkurs-Strategie an den Markt und die aktuelle Situation anpassen.

Das Setzen von Stoppkursen erfordert sehr viel Erfahrung. Dazu ein **Beispiel**: Sie stellen fest, dass sich der Markt in einer engen Range bewegt, und positionieren Ihre Order bei 6340 (Kaufkurs Short) und 6380 (Kaufkurs Long) Punkten. Um 18:00 Uhr kaufen Sie bei 6380 Punkten drei Kontrakte auf den DAX-30. Der Stoppkurs Long unterhalb der Unterstützung bei

6340 schützt Ihr Kapital (engl. = protective stopp). Die Kurse steigen weiter, sodass Ihre Position um 18:15 Uhr bereits mit 70 Punkten im Gewinn liegt. Sie ziehen Ihren Stopp auf 6380 Punkte nach (Gewinnschwelle, engl. = break even). Im Folgenden werden drei Strategien diskutiert:

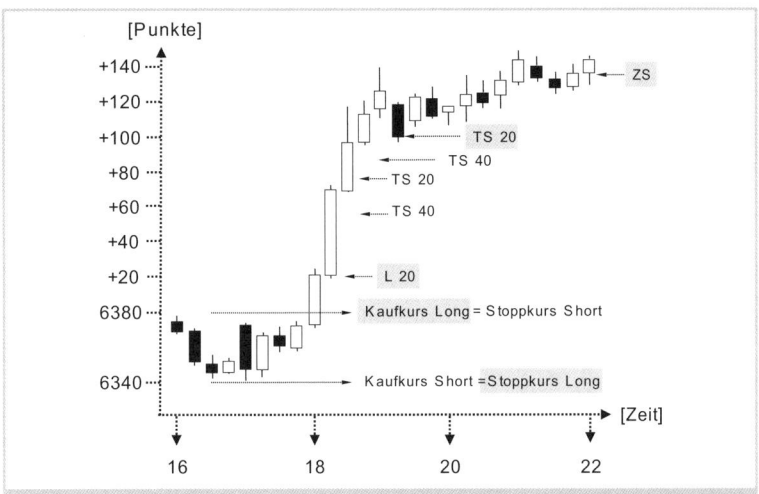

Abb. 15: Stoppkurs-Strategie, 15 min-Kerzenchart: Kaufkurs Long bei 6380 Punkten. L 20 = Limit mit 20 Punkten, TS 20 = Trailing-Stopp mit 20 Punkten, TS 40 = Trailing-Stopp mit 40 Punkten, ZS = Zeitstopp. Beachten Sie die grau unterlegten Felder: Drei Kontrakte werden beim Kaufkurs Long für 6380 Punkte gekauft und durch den Stoppkurs Long bei 6340 Punkten unterhalb der Unterstützung gesichert. Das Limit L 20 wird bei 6400 Punkten, der Trailing-Stopp 20 bei 6485 Punkten ausgelöst. Der Trailing-Stopp 40 und der Stoppkurs Long werden nicht ausgelöst und daher zum Handelsschluss als Zeitstopp aufgelöst. Die Ergebnisse sind in Tabelle 10 zusammengefasst.

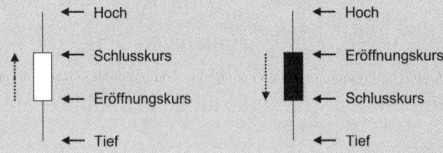

1. Sie haben Ihr Gewinnziel auf 20 Punkte festgelegt (fixer Stopp). Die gesamte Position erreicht bei 6400 Punkten das Limit (Ergebnis: 60 Punkte Gewinn). Diese Strategie begrenzt Ihre Gewinne.

2. Sie verwenden einen Trailing-Stopp mit 20 Punkten, der einen Teil Ihrer nicht realisierten Gewinne schützt. Ihre gesamte Position wird um 19:15 Uhr ausgestoppt, weil zwischen dem Schlusskurs der 19:00-Uhr-Kerze (+ 125 Punkte) und dem Schlusskurs der 19:15-Uhr-Kerze (+ 100 Punkte) mehr als 20 Punkte liegen (Ergebnis: 100 Punkte pro Kontrakt, insgesamt: 300 Punkte).

3. Sie haben sich für eine Kombination von Stoppkursen entschieden (ein fixer Stopp bei 6340; zwei variable Stopps: Trailing-Stopp mit 20 und 40 Punkten). Der erste Kontrakt wird durch den Trailing-Stopp 20 um 19:15 Uhr ausgestoppt. Die beiden weiteren Positionen (Stoppkurs Long, Trailing-Stopp 40) werden am Ende des Handelstages als Zeitstopp aufgelöst, da Sie Übernachtpositionen vermeiden sollten (Ergebnis: insgesamt 370 Punkte).

	Kontrakt-zahl	Punkte	Ergebnis/ Kontrakt	Gesamt-ergebnis
I Fixer Stopp – Limit	3	20	20	**60**
II Variabler Stopp – Trailing-Stopp 20	3	20	100	**300**
III Stoppkurs-Strategie – Trailing-Stopp 20	1	20	100	**370**
– Trailing-Stopp 40 nicht ausgelöst: > Zeitstopp	1	40	135	
Stoppkurs Long nicht ausgelöst: > Zeitstopp	1	-40	135	

Tab. 10: Einsatz von fixen und variablen Stoppkursen: Zusammenfassung der Ergebnisse aus Abbildung 15 (Stoppkurs-Strategie, 15 min-Kerzenchart). Fixe Stopps: Stoppkurs Long (-40 Punkte) und Limit mit 20 Punkten. Variable Stopps: Trailing-Stopps mit 20 und 40 Punkten. Der Trailing-Stopp 40 und der Stoppkurs Long werden nicht ausgelöst und daher zum Handelsschluss als Zeitstopp aufgelöst (135 Punkte).

Die Kombination von Stoppkursen verhindert in der Regel, dass Sie bei kleinen Korrekturbewegungen mit der gesamten Position ausgestoppt werden (Fröhlich 2008). Mit einer Stoppkurs-Strategie können Sie möglicherweise auch an der sich fortsetzenden Trendbewegung teilhaben und damit Ihren Börsenerfolg steigern.

5.5 Trading-Kosten-Check

Verschiedene Studien belegen, dass im Allgemeinen zu viel getradet wird. Privatanleger nehmen zu viele Umschichtungen in ihren Depots vor. Die Gründe dafür sind verschiedenartig.

Online-Brokerage hat dazu geführt, dass Privatanleger ihre Rendite durch

Daten: 66 465 Haushalte bei einem großen Discount Broker, USA

»Trading gefährdet Ihren Wohlstand« lautet der Titel der Studie von Barber und Odean. Die Untersuchung zeigte, dass Investoren, die übermäßig viele Trades durchführten, lediglich eine Performance von 11,4 Prozent erzielten, wohingegen der durchschnittliche Ertrag aller Haushalte bei 16,4 Prozent lag. Die Marktrendite war übrigens 17,9 Prozent. Insgesamt wurden innerhalb eines Jahres pro Haushalt durchschnittlich 75 Prozent des Depots umgeschichtet.

Zeitraum: 1991–1996

Referenz: Barber, Odean 2000b

übermäßiges Trading schmälern. Dieses Verhalten hat auch psychologische Hintergründe.

Gewinnen Sie eine Vorstellung von Ihrem Anlageverhalten. Überlegen Sie

Daten: 10 000 Konten eines großen Discount Brokers, USA

Odean schloss bei der Einschätzung von übermäßigem Trading bestimmte Trades von vornherein aus. Dazu gehörten Trades, die durch Margin-Calls, die Wahl einer niedrigeren Risikoklasse und/oder steuerfreie Verkäufe verursacht waren. Die Gründe für übermäßiges Trading waren auf Selbstüberschätzung und fehlendes Bewusstsein für Trading-Kosten zurückzuführen.

Privatanleger kennen offensichtlich nur steigende Kurse. Das Bewusstsein für fallende Kurse scheint zu fehlen. Wie sonst ist es zu erklären, dass die meisten Anleger Aktien kauften, die Alternative eines Leerverkaufs aber nur gelegentlich wählten? Privatanleger verkauften Aktien, die in den Wochen zuvor überdurchschnittlich gestiegen waren. Der Dispositionseffekt war stark ausgeprägt, denn insgesamt wurden weit mehr Gewinner- als Verlierertitel verkauft. Darüber hinaus konnte das übermäßige Trading zum Teil auch auf die Steuerung durch die Finanzmedien zurückgeführt werden.

Referenz: Odean 1999

z. B., wie oft Sie investieren. Wie hoch ist Ihre durchschnittliche Orderhöhe (2500, 5000 oder 20 000 Euro, 🔖 Orderkosten). Spielen Sie verschiedene Varianten Ihres Anlageverhaltens durch (🔖 Depot-Rechner). Privatanleger wählen einen Online-Broker, der die in Tabelle 11 aufgeführten Merkmale erfüllt.

Vergleichen Sie z. B. Online-Broker I und II, die mit folgendem Angebot

Depotführung	kostenfrei
Verrechnungskonto	kostenfrei mit Verzinsung
Limits, Stopps > Vormerkung > Änderung > Streichung > Nichtausführung	kostenfrei
Börsenplatzentgelte Xetra Parkett	kostenfrei kostenfrei
Teilausführungen	kostenfrei

Tab. 11: Merkmale eines guten Online-Brokers

werben: »Trading ab 10 Euro«. Tabelle 12 zeigt Ihnen die absoluten Trading-Kosten für 100 Trades. Beachten Sie, dass XETRA- oder Parkett-Ausführung beim Broker II inbegriffen sind.

5000-Euro-Order	Online-Broker I*	Online-Broker II**
Orderkosten [€]	1750	1250
inkl. XETRA [€]	1845	1250
inkl. Parkett [€]	2045	1250

Tab. 12: Orderkosten für 100 Trades bei einer Ordergröße von 5000 Euro; *Konditionen Online-Broker I: 5 Euro zzgl. 0,25%, mindestens 10 Euro; **Konditionen Online-Broker II: 10 Euro, mindestens 0,25%

Die wenigsten Anleger sind sich ihrer absoluten Ordergebühren pro Woche, Monat oder Jahr bewusst. Abbildung 16 zeigt, welche Kosten für 20 oder 100 Trades pro Jahr anfallen. Die Wahl des Online-Brokers könnte also entscheidenden Einfluss auf Ihre Performance haben.

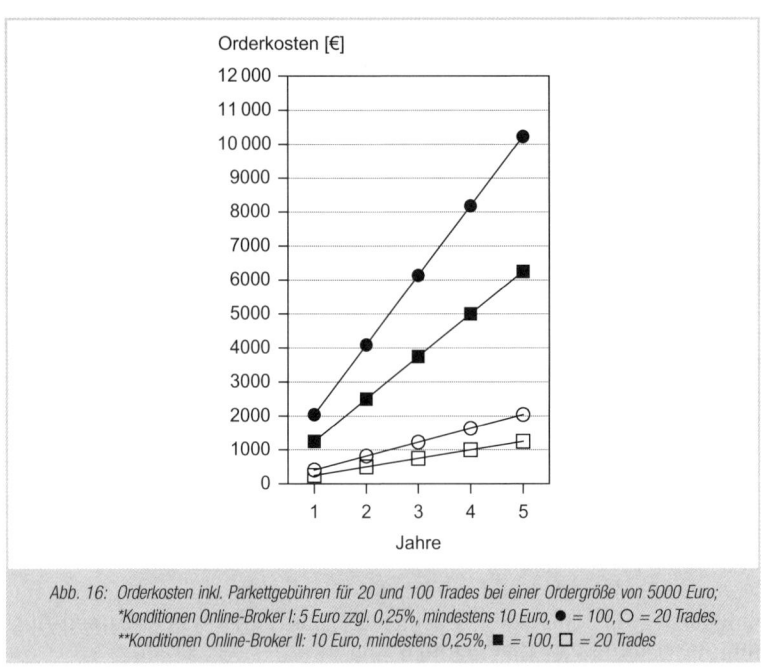

Abb. 16: Orderkosten inkl. Parkettgebühren für 20 und 100 Trades bei einer Ordergröße von 5000 Euro; *Konditionen Online-Broker I: 5 Euro zzgl. 0,25%, mindestens 10 Euro, ● = 100, ○ = 20 Trades, **Konditionen Online-Broker II: 10 Euro, mindestens 0,25%, ■ = 100, □ = 20 Trades

Wenn Sie z. B. 20 Trades jährlich durchführen, haben Sie beim Broker I um 795 Euro höhere Orderkosten (5-Jahres-Zeitraum). Die absoluten Kosten für eine 5000-Euro-Order unterscheiden sich lediglich um 7,95 Euro (20,45 zu 12,50 Euro). Doch ist es gerade dieser vermeintlich kleine Unterschied, der sich bei 100 Trades in einem 5-Jahres-Zeitraum auf 3975 Euro summiert.

Trading-Kosten sind für Trader noch wichtiger als für Investoren. Die Zahl der durchgeführten Trades hängt sicherlich von der gewählten Strategie ab. Dennoch sollten Trader ein Bewusstsein für ihre absoluten Trading-Kosten entwickeln. Tabelle 13 veranschaulicht diese Kosten für zwei, sechs und zehn Trades pro Tag anhand von drei unterschiedlichen Modellen.

Kostenmodell	I	II	III
Kosten für einen Trade [€]	5	3	1
Börsengebühr pro Trade [€]	1,5	1,5	1,5
Grundgebühr pro Jahr [€]	0	2400	6000
Trading-Kosten pro Jahr bei			
600 Trades	**3900**	5100	7500
1800 Trades	11700	10500	10500
3000 Trades	19500	15900	**13500**

Tab. 13: Trading-Kosten pro Jahr bei zwei, sechs und zehn Trades pro Tag, drei Kostenmodelle (I bis III), ein Jahr = 300 Tage; Beispielrechnung für Kostenmodell II bei 600 Trades: 600 · 3 Euro + 600 · 1,5 Euro + 2400 Euro = 1800 Euro + 900 Euro + 2400 Euro = 5100 Euro

Trading-Kosten werden oft als vernachlässigbar angesehen. Das liegt vielleicht auch daran, dass diese Kosten aufgrund zunehmender Konkurrenz zwischen den Online-Brokern immer wieder gesenkt wurden. Vielleicht ist dadurch auch das Bewusstsein für die absoluten Kosten verloren gegangen? Online-Broker bieten mittlerweile einen Roundturn für weniger als 10 Euro an. In der Regel stehen mehrere Kostenmodelle zur Auswahl, denn der Trader trägt neben den Kosten für den Roundturn auch die Börsengebühr und vielleicht noch eine monatliche Grundgebühr (z. B. für das Bereitstellen der Handelsplattform). Abhängig vom Modell entstehen bei gleicher Trade-Zahl sehr unterschiedliche Kosten.

Daher bietet sich an, eine Strategie festzulegen, die auch Auskunft über die durchschnittliche Zahl der Trades gibt. Die Trade-Zahl ist dann die Entscheidungsgrundlage für ein Kostenmodell. Wenn Sie z. B. 600 Trades jährlich machen, wählen Sie das Modell I. In einem 5-Jahres-Zeitraum fallen dann Trading-Kosten von insgesamt 19500 Euro (3900 Euro x 5) an. Das sind im Vergleich mit Modell III um 18000 Euro geringere Kosten. Benötigen Sie für die Umsetzung Ihrer Strategie täglich zehn Trades, ist Modell III am günstigsten. Die Trading-Kosten liegen bei 67 500 Euro für 5 Jahre (gegenüber z. B. 97 500 Euro beim Modell I). Ein Trading-Kosten-Check könnte dazu beitragen, Ihre Rendite zu steigern.

6 Trading mit Perspektive

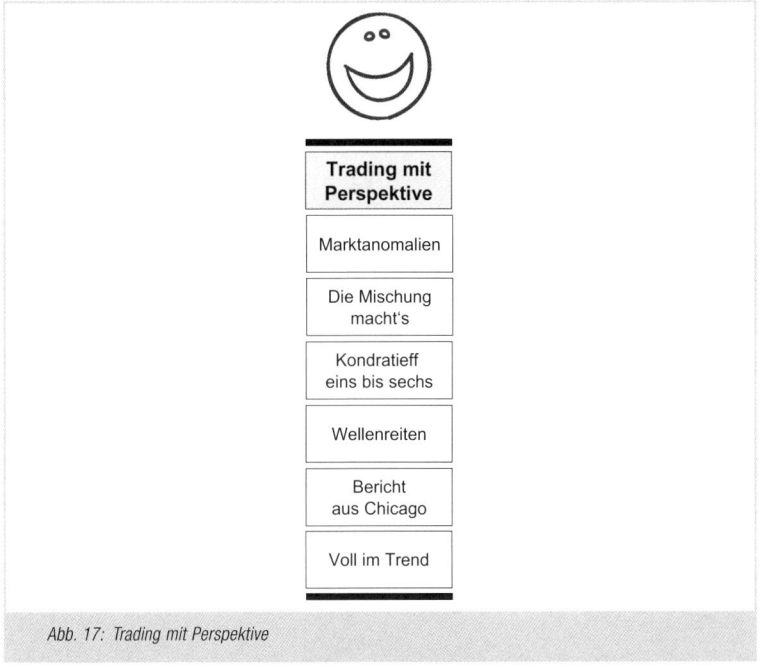

Abb. 17: Trading mit Perspektive

Perspektive beim Trading entsteht, wenn Sie die Märkte mit anderen Augen betrachten. Der Blick hinter die Kulissen eröffnet Ihnen Möglichkeiten, von denen Sie bislang noch nichts wussten. Sie brauchen lediglich eine Taktik, eine Strategie, mit der Sie regelmäßig Geld verdienen können. Die Märkte halten Verschiedenes bereit, das Sie nutzen können. »Die Tricks der Floor-Trader« könnten dazu beitragen, dass Sie an der Börse überleben. Weintraub (1999) beschreibt 32 Tricks, 48 Tipps, 24 Fallen und 27 Spreads, die auch Ihnen weiterhelfen könnten.

6.1 Marktanomalien

Welche Anlagestrategien versprechen hohe Rendite bei vergleichsweise geringem Risiko? Anleger versuchen oft, die Marktrichtung vorherzusagen und dieser zu folgen. Das gilt gleichermaßen für Portfoliomanager, Vermögensverwalter, institutionelle und private Investoren. Sie übersehen dabei gern, dass Märkte schwankend und statistisch öfter ohne Trend sind.

Sie haben bereits ein realitätsfernes Modell (rationaler *Homo oeconomicus*) zur Beschreibung der Märkte kennengelernt. Effizienzmarkt- und Random-Walk-Hypothese sind weitere.

Die **Effizienzmarkt-Hypothese** (engl. = **efficient market hypothesis, EMH**) wurde 1970 von **Eugene F. Fama** (*1939, amerikanischer Wirtschaftswissenschaftler) ausgearbeitet. Die fundamental geprägte EMH besagt, dass Finanzmärkte effizient sind und verfügbare Informationen bereits in den Kursen enthalten sind. Damit können Marktteilnehmer allerdings nicht dauerhaft zu überdurchschnittlichen Renditen gelangen. Die Kurse werden in der EMH als nicht vorhersehbar angesehen. Der der EMH zugrunde liegende Marktteilnehmer ist der rationale *Homo oeconomicus*. Kursbewegungen werden als Zufallswegprozesse (engl. = random walks) beschrieben. Die **Random-Walk-Hypothese** geht davon aus, dass Kurse der Vergangenheit keine Bedeutung für die Zukunft haben. Empirische Untersuchungen führen immer wieder zur Entdeckung von Marktanomalien. Darunter werden Kurse oder auch Märkte verstanden, die systematisch von ihren inneren Werten abweichen.

Diese Anomalien können Sie nutzen, um Ihre Rendite zu steigern. Finden Sie eine Marktanomalie, die einen psychologischen Hintergrund hat, und bauen Sie eine Strategie darauf auf. Anomalien gehen teilweise nach ihrer Entdeckung und weiterer Verbreitung verloren. Andere allerdings werden auch verstärkt.

6.1.1 Effekt des Namens einer Aktiengesellschaft

Der Name einer Firma ist oft auch »Programm«. Untersuchungen zu Zeiten des Internetbooms Ende der 1990er-Jahre belegen, dass Namensänderungen in einen »dotcom«-Namen zu langfristigen Höherbewertungen führten. Diese waren unabhängig davon, ob das Unternehmen in der Internetbranche tätig war (Cooper et al. 2001). Die Untersuchung von 64 Schweizer Firmennamen belegt ebenfalls: »Nomen est omen!« Namen haben großen Einfluss auf Kauf- und Verkaufsentscheidungen. Bei einem IPO z. B. führen »schöne« Firmennamen nicht nur zu einem sehr hohen ersten Kurs, sondern auch zu außergewöhnlichen Kurssteigerungen in den ersten 10 Tagen (Pensa 2006). Erfolg könnte also auch mit der Energie des Namens verbunden sein. Fragen Sie einen erfahrenen Numerologen nach den Zusammenhängen.

6.1.2 Saisonale Effekte

Saisonalität ist ein mittelfristiger Indikator, der oft fundamentale Hintergründe hat. Trader können saisonale Effekte allerdings auch für kurzfristige Entscheidungen nutzen (z. B. »Turn of the year«-Effekt), Investoren können diese zumindest beim Kaufzeitpunkt berücksichtigen (z. B. »Sell in May and go away«-Effekt).

Der **Kleinfirmen-Effekt** (engl. = **small firm effect**) besagt, dass Firmen mit einer relativ niedrigen Marktkapitalisierung durchschnittlich höhere Renditen erzielen als die mit höherer Kapitalisierung (Banz 1981, Reinganum 1981). Keim (1983) und Reinganum (1983) wiesen ungewöhnlich hohe Renditen von Kleinfirmen in den ersten zwei Januarwochen nach, die auch eine »Extraportion« Risiko rechtfertigen. Die Risikobewertung erfolgte relativ zum CAPM (engl. = Capital Asset Pricing Model). Diese Marktanomalie wird »**Turn of the year**«-**Effekt** genannt. Worin könnten die Gründe für diesen Effekt bestehen?

Vielleicht ist die höhere Volatilität von Small Caps dafür verantwortlich? Investoren könnten kurzfristige Verluste der Aktien von Kleinunternehmen am Jahresende aus einkommenssteuerlichen Gründen realisieren. Nach diesem Verkaufsdruck erholen sich die Aktienkurse in den ersten Januartagen, wenn Investoren diese Aktien erneut kaufen. Andererseits könnten auch institutionelle Fondsmanager einen Teil verlustbringender Aktien zum Jahresende verkaufen, um die Verluste mit den Jahresgewinnen verrechnen zu können. Dieser Effekt ist bei Small-Cap-Aktien mit niedriger Liquidität am höchsten. Vielleicht tragen auch die im Dezember einbezahlten Jahresbeiträge an Pensionsfonds und Lebensversicherer zu einem höheren Investitionsgrad in den ersten zwei Januarwochen bei? Schwert (2003) stellte fest, dass der »Turn of the year«-Koeffizient zwar über die Jahre kleiner geworden ist, dennoch ist er zuverlässig positiv (1962 bis 1989 und 1990 bis 2001: 0,4 Prozent, 1962 bis 1979: 0,8 Prozent).

Bouman und Jacobsen (2002) zeigten, dass »**Sell in May and go away**« in 36 von 37 Märkten Sinn machte. In der Periode von November bis April wurden durchschnittlich höhere Renditen erwirtschaftet als von Mai bis Oktober. Diesen Effekt finden Sie auch bei Williams (2005) erläutert.

Folgen die Märkte einem **10-Jahres-Muster**? Das ist möglich (Williams 2005). In erster Linie ist das Jahresendzahl-Muster interessant. In Jahren mit der Endzahl 5 z. B. wurden meistens überdurchschnittliche Renditen erzielt (vgl. www.wellenreiter-invest.de, www.seasonalcharts.com). Die Frage ist, ob sich diese Muster auch im 21. Jahrhundert durchsetzen werden, da in diesem Jahrhundert Analytik und Rationalität eine weniger wichtige Rolle einnehmen werden. Grund dafür ist die veränderte Jahrhundertzahl von 19 auf 20.

Saisonalität steht im Mittelpunkt von www.seasonalcharts.com, einer Internetseite auf der **Dimitri Speck** kostenfrei saisonale Charts für Futures (Devisen, Rohstoffe: Erdgas, Erdöl, Edelmetalle, nachwachsende Rohstoffe, Indizes) anbietet.

6.1.3 Value-Effekt

Wachstumsaktien und Vergleichsindizes können durch einfache Strategien wie z. B. Value-Investing (engl. = Wert-investierend) geschlagen und systematisch Überrenditen erwirtschaften (z. B. Lakonishok et al. 1994; Fama, French 1998; Wallmeier 2000). Die Value-Strategie geht auf **Benjamin Graham** (1894–1976, amerikanischer Wirtschaftswissenschaftler) zurück. Der vielleicht bekannteste Value-Investor ist **Warren E. Buffett** (*1930, amerikanischer Investor). Value-Investoren zahlen maximal den inneren Wert einer Aktie. Dieser Wert kann mit mathematischem Grundwissen ermittelt werden. Die Einschätzung von Unternehmen erfolgt anhand von Kennzahlen wie z. B. niedriger Verhältnisse von Kurs zu Gewinn (KGV), zu Buchwert (KBV) oder zu Umsatz (KUV) und/oder auch hoher Dividendenrenditen. Diese Kennzahlen und deren Kombinationen sind Grundlage für eine Unterteilung in Wertaktien und Wachstumsaktien. Unternehmen mit einem niedrigen KGV und/oder einer hohen Dividendenrendite werden als Value-Aktien bezeichnet. Im Gegensatz dazu zeichnen sich Growth-Aktien durch hohe Wachstumsraten und KGVs aus.

Lakonishok und Kollegen (1994) untersuchten verschiedene Value-Strategien am amerikanischen Aktienmarkt für den Zeitraum von 1968 bis 1990. Dabei ermittelten sie Überrenditen von jährlich bis zu 11 Prozent. Diese Strategie war auch in 13 anderen Märkten erfolgreich, z. B. in Deutschland und in der Schweiz, und auch in 18 Emerging Markets (Fama, French 1998). Der Value-Effekt wurde für den deutschen Aktienmarkt in einer weiteren Studie nachgewiesen. Die Renditedifferenz zwischen Value- und Growth-Aktien lag für den Zeitraum von 1967 bis 1994 bei jährlich 7 Prozent (Wallmeier 2000).

Tragen Value-Investoren ein höheres Risiko? Das zumindest liegt nahe, da nach der EMH eine höhere Rendite nur mit einem höheren Risiko erzielt werden kann. Dieses höhere Risiko konnte nach dem CAPM allerdings für Value-Aktien nicht nachgewiesen werden. Worauf ist diese Renditeanomalie dann zurückzuführen? Der Value-Effekt könnte natürlich durch fundamentale Unternehmensdaten erklärt werden. Auf der anderen Seite tragen auch verhaltenswissenschaftliche Ansätze zur Erläuterung bei. Barberis und Kollegen (1998) wiesen nach, dass Anleger auf gewöhnliche Unternehmensnachrichten zu konservativ reagieren und damit eine Unterbewertung von Value-Werten verursachen. Vielleicht ist die Value-Strategie aber auch so erfolgreich, weil Marktteilnehmer systematisch überreagieren (De Bondt, Thaler 1985)? Selbstüberschätzung und ein zu großes Vertrauen in Trends führen dazu, dass Wachstumsunternehmen systematisch zu hoch bewertet werden. Beide Effekte tragen vermutlich dazu bei, dass nach einer Bewertungskorrektur mit Value-Aktien systematisch Überrenditen erzielt werden können.

Verschiedene Studien (z.B. Jaffe 1974) zeigen, dass Insiderkäufe und -verkäufe auch Hinweise auf Value-Aktien geben, die Überrenditen versprechen (z.B. www.insiderdaten.de).

6.1.4 Contrarian- und Momentum-Effekt

Aktien eines bestimmten Marktsegments werden über vorgegebene Zeiträume (z.B. 3, 6 oder 12 Monate) nach ihren realisierten Renditen geordnet. Die mit den höchsten Renditen werden zu einem Gewinnerportfolio, die mit den niedrigsten zu einem Verliererportfolio zusammengefasst. Das Gewinnerportfolio wird bei zyklischer Investition gekauft, wohingegen das der Verlierer leer verkauft wird. Bei einer antizyklischen Strategie entsprechend umgekehrt.

De Bondt und Thaler (1985) wiesen einen **Contrarian-Effekt** an der New York Stock Exchange (NYSE) von 1926 bis 1982 nach. Verliererportfolios erzielten gegenüber Gewinnerportfolios in 36-Monats-Zeiträumen eine um 25 Prozent höhere Rendite. Dabei wiesen die Verliererportfolios nicht nur eine höhere Rendite auf, sondern auch ein geringeres Risiko. Vergleichbare Ergebnisse wurden auch für den deutschen Aktienmarkt mit dieser Strategie von 1961 bis 1991 ermittelt. Schiereck und Weber (1995) fanden für eine Portfoliobildung von 60 Monaten heraus, dass das Portfolio der 20 Verlierer eine Überrendite von 22 Prozent erwirtschaftete, wohingegen das Gewinnerportfolio lediglich eine dem Markt vergleichbare Rendite erbrachte. Wie lassen sich diese Überrenditen erklären? Die Ursachen für den Contrarian-Effekt liegen vermutlich im psychologischen Bereich. In der Regel vergeht wenig Zeit, bis nach einer außergewöhnlich guten (schlechten) Performance einer Aktie eine Überreaktion erfolgt. Die Marktteilnehmer reagieren intensiv auf Erfolgsmeldungen oder auch auf negative Nachrichten. Der Markt »glaubt«, dass sich hinter der Abweichung der Kurse vom Trend bereits eine Trendänderung verbirgt. Dabei ist der Überreaktionseffekt in der Regel größer für die »Verlierer« als für die »Gewinner«.

Andererseits kann die Rendite von Gewinnerportfolios auch die der Verlierer übertreffen, z.B. bei der Fortsetzung eines starken Trends in haussierenden Märkten (**Momentum-Effekt**). Jegadeesh und Titman (1993)

wiesen Überrenditen von bis zu 12 Prozent nach (amerikanischer Akti-
enmarkt, Zeitraum: 1965 bis 1989). Diese Rendite war nicht durch das
CAMP zu erklären. Wo lagen die Gründe für den Momentum-Effekt?
Die verzögerte Kursreaktion war vermutlich auf eine Unterreaktion der
Marktteilnehmer auf unternehmensspezifische Informationen zurückzu-
führen.

Schiereck und Weber (1995) untersuchten diese Strategie auf dem deutschen Markt über den Zeitraum von 1961 bis 1991 anhand der Portfolios
von 10, 20 und 40 Gewinner- und Verliereraktien. Die höchste Überrendite wurde mit einer Portfoliogröße von 10 Aktien erzielt (7,9 Prozent).
Die Portfolios wurden für 3, 6 und 12 Monate gebildet.

Über- und Unterreaktionen begründen die Erfolge von Value-Investing,
Contrarian- und Momentum-Strategien. Die Behavioral Finance bietet
dafür verschiedene Erklärungen. Die bekannteste ist sicherlich die **Über-
reaktionshypothese** von De Bondt und Thaler (1985). Das **Investor-Sen-
timent-Modell** (Barberis et al. 1998, BSV-Modell), das **Overconfidence-
Modell** (Daniel et al. 1998, DHS-Modell) und das **Momentum-Tra-
ding-Modell** (Hong, Stein 1999) liefern weitere Erklärungen, bei denen
menschliches Verhalten im Mittelpunkt steht.

Das BSV-Modell bescheinigt Marktteilnehmern eine eingeschränkte Rationalität. Ihr Entscheidungsverhalten wird vor allem durch die Repräsen-
tativitätsheuristik beeinflusst. Kursentwicklungen in eine Richtung (aufwärts oder abwärts) werden bereits nach kurzer Zeit als repräsentativ
für einen Trend angesehen, sodass die Randombewegung der Rendite
verzerrt wahrgenommen wird. Dadurch entsteht eine Hausse- oder Bais-
sestimmung.

Das DHS-Modell erklärt Über- und Unterreaktionen durch das Überschätzen von persönlicher Information und den **Attributionsfehler** (engl. =
attribution bias). Der Attribution Bias bedeutet, dass Sie Erfolg Ihren
eigenen Fähigkeiten zuschreiben, für Misserfolg machen Sie andere oder
die Umstände verantwortlich. Nach Hong und Stein (1999) werden die
Märkte von zwei Gruppen mit eingeschränkter Rationalität bevölkert:
»Newswatcher« und Momentum-Trader.

6.2 Die Mischung macht's

Der Begriff Diversifikation bedeutet die Streuung von Kapital auf verschiedene Anlageklassen (engl. = asset class) in unterschiedlichen Märkten. Anlageklassen sind z. B. Aktien, Anleihen oder Devisen.

Was haben Investoren von Portfoliodiversifikation? Diversifikation führt zu einem optimalen Verhältnis zwischen Rendite und Risiko. Diese Strategie ist für Investoren langfristig am erfolgreichsten, da das Risiko zufälliger Schwankungen einzelner Titel, Märkte oder Branchen durch Portfoliobildung minimiert wird (Wälchli et al. 2000b). Darüber hinaus befriedigt Diversifikation auch das Sicherheitsbedürfnis des Anlegers, denn nur gelegentlich fallen die Kurse aller Depotwerte gleichzeitig. Diversifikation verringert das Risiko, mindert allerdings auch die Chancen (Gunther 2005).

Harry M. Markowitz (*1927, amerikanischer Wirtschaftswissenschaftler, Nobelpreis 1990) erbrachte den wissenschaftlichen Nachweis der positiven Auswirkung von Diversifikation (**Portfoliotheorie**). Im Mittelpunkt der Portfoliotheorie steht der Zusammenhang von Risiko und Rendite. Das Ziel von Anlegern ist, das Risiko eines Portfolios zu minimieren, ohne dabei gleichzeitig die Rendite zu schmälern. Markowitz zeigte, dass die Bildung **effizienter Portfolios** möglich ist, wenn das Ausmaß der Abhängigkeit (Korrelation) bei der Auswahl von Anlagen berücksichtigt wird. Die **Risikodiversifikation** erfolgt in Abhängigkeit vom Korrelationskoeffizienten k, der angibt, inwieweit sich Märkte gleichartig verhalten. Der Koeffizient kann Werte zwischen -1 und $+1$ annehmen. Bei einem Wert von $+1$ (bzw. -1) besteht ein vollständig positiver (bzw. negativer) linearer Zusammenhang zwischen den untersuchten Datenreihen. Das heißt, zwei Märkte verhalten sich gleich, wohingegen sie sich bei einer negativen Korrelation in die entgegengesetzte Richtung bewegen. Werte von $+1$ und -1 werden allerdings kaum beobachtet, doch auch Koeffizienten von größer 0,75 werden als hoch korreliert angesehen, z. B. Gold/Euro ($k = 0,77$), Gold/Erdöl ($k = 0,87$) und Gold/Silber ($k = 0,91$). Darüber hinaus spielen auch **nicht diversifizierbare systematische Risiken**, z. B. das Währungsrisiko, Zinsen, Inflation und/oder die Entwicklung des Bruttoinlandsprodukts, eine Rolle.

Investoren profitieren von Portfoliodiversifikation. Die Empfehlungen dazu lauten sehr unterschiedlich, z.B.: »Kaufen Sie Aktien aus verschiedenen Wirtschaftsregionen (z.B. Nordamerika, Asien, Europa)« oder »Streuen Sie Ihr Kapital auf verschiedene Branchen« (z.B. Telekommunikation, Bio- oder Nanotechnologie, Medizintechnik, regenerative Energien). Vielleicht wird Ihnen auch das »konservative«, »risikobewusste« oder »spekulative« Depot verkauft, das in der Regel an der unterschiedlichen Gewichtung von Aktien zu Renten festgemacht wird. Doch werden diese Empfehlungen dem Begriff Portfoliodiversifikation gerecht?

Bereits einfache Diversifikationsstrategien führen zu attraktiven Rendite-/Risiko-Verhältnissen, z.B. die Kombination von zwölf ausgewählten Ländern (Kanada, Deutschland, Frankreich, Großbritannien, Hongkong, Italien, Japan, Niederlande, Schweiz, Singapur, Spanien, Vereinigte Staaten). **Länderdiversifikation** war in der Regel im Vergleich zu Anlagen in einem Land mit einer höheren Rendite verbunden (Wälchli et al. 2000a).

Branchenportfolios sind noch besser diversifiziert, da sie zusätzlich länderübergreifend sind. Steigende Länderabhängigkeiten erhöhen die Attraktivität der Diversifikation nach Branchen vor allem im Euro-Raum und für risikoscheue Anleger. Länderdiversifikation ermöglicht höhere Renditen, die allerdings mit einem höheren Risiko verbunden sind. Der starke und immer weiter steigende Zusammenhang zwischen den weltweiten Aktienrenditen nach der Länder- und der Branchendiversifikation macht weitere Investitionsmöglichkeiten für die Anleger interessant. So können noch bessere Ergebnisse erzielt werden, wenn weitere Anlageklassen, z.B. Hedge-Fonds, Private Equity und Gold, einbezogen werden (Wälchli et al. 2000a, 2000b).

Volatilität wird oft zur Absicherung gegen Kurseinbrüche an den Aktienmärkten gekauft. Die Volatilität steigt, wenn die Märkte abstürzen. Obwohl die positive Diversifikationseigenschaft von Volatilität unbestritten ist, kostet dieser Kapitalschutz mehr als eine vergleichbare Absicherung durch Put-Optionen (Hafner, Wallmeier 2007). Anleger können allerdings auch Volatilität verkaufen und daraus einen Gewinn erzielen, was z.B. von Hedge-Fonds angewendet wird. Hedge-Fonds sind auch aus einem anderen Grund interessant, da sie sich mittelfristig vergleichbar mit Aktienkursen bewegen (k = 0,77), die bei Korrekturen an den Aktienmärkten lediglich einen Korrelationskoeffizienten von 0,15 aufweisen. Weiterhin bieten Anleihen und Gold einen guten Schutz gegen Korrekturen (www.ftd.de 2008).

Berücksichtigen Investoren die Portfoliotheorie bei ihren Entscheidungen? Verschiedene Untersuchungen belegen, dass Diversifikation für Anleger ein Fremdwort ist (Kenning et al. 2006). Investoren weisen einen ausgeprägten **Home Bias** auf, getreu nach dem Motto: »Was der Anleger nicht kennt, das kauft er nicht!« Das gilt übrigens gleichermaßen für private wie institutionelle Anleger. Damit verzichten Investoren auf Rendite und erhöhen gleichzeitig das Risiko. Deutsche Anleger z. B. haben durchschnittlich über 70 Prozent einheimische Aktien im Depot (Kenning et al. 2006).

Schweizer weisen ebenfalls einen ausgeprägten Home Bias auf, der darüber hinaus auch zu einer eingeschränkten Branchendiversifizierung führt, da der Swiss Market Index (SMI) von Unternehmen aus den Bereichen Finanzdienstleistung und Chemie/Pharma beherrscht wird. Dieses Verhalten ist umso erstaunlicher, da Sicherheit das oberste Entscheidungskriterium von Schweizer Anlegern ist. Viele Schweizer nehmen Dienstleistungen von Finanz- und Vermögensverwaltungen in Anspruch, die großen Einfluss auf die Investitionsentscheidungen ihrer Klienten haben (Joerg-Perrin 2007).

Österreicher weisen auf den ersten Blick keinen Home Bias auf, was allerdings auf die nationalen Anlagemöglichkeiten zurückzuführen ist (Kottke 2005).

Gut diversifizierte Portfolios sollten z. B. ausländische Aktien anteilig der Kapitalisierung des MSCI-Weltindex (MSCI = Morgan Stanley Capital International) aufweisen. Der Home Bias ist auch relativ, denn Amerikaner können nach dem MSCI-Weltindex fast 50 Prozent in einheimische Aktien investieren (Deutsche, Österreicher und Schweizer weniger als 4 Prozent).

Woher kommt die Neigung der Anleger zum Home Bias? Investoren haben weniger Informationen über die Marktbedingungen (z. B. Besteuerung) im Ausland. Ihre finanziellen Entscheidungen sind auch empfindlicher gegenüber neuen Informationen (Brennan, Cao 1996). Darüber hinaus wird das

Entscheidungsverhalten maßgeblich durch Angst beeinflusst. Hirnforscher haben mit der fMRI untersucht, welche Hirnregionen ansprechen, wenn Anleger zwischen einheimischen und ausländischen Investments entscheiden müssen. Dabei haben sie festgestellt, dass die Entscheidung für Investitionen im Ausland mit erhöhter Hirnaktivität in Regionen einhergeht, mit denen emotionale Prozesse wie z.B. Angst verbunden werden (Kenning et al. 2006). Risikoaversion und Angst gelten als stabile Persönlichkeitseigenschaften eines Investors, die sich nicht von allein auflösen. Anleger sollten Strategien in Betracht ziehen, die langfristig den Einfluss von Angst als »Ratgeber« bei finanziellen Entscheidungen herabsetzen.

Die meisten Privatanleger haben wenige Aktien in ihrem Portfolio. Sie verkaufen Aktien nur dann, wenn sie diese bereits besitzen (Short-Positionen werden selten eingegangen), ganz im Gegensatz zu Tradern (Barber, Odean 2008). Wonach richten sich Privatanleger bei ihren Kaufentscheidungen?

Das Geheimnis liegt in der Verführung des Privatanlegers zum Kauf. »All that glitters« (engl. = alles das, was glitzert) lautet der Titel einer Studie von Barber und Odean (2006). Dabei spielen vor allem selektive Wahrnehmung und die Tendenz zum Home Bias eine Rolle.

Anleger kaufen bevorzugt die Aktien, über die in den Nachrichten berichtet wird, die hohe Trading-Volumina oder außergewöhnliche Tagesgewinne aufweisen. Gerade über die Nachrichten ist das Kaufverhalten von Privatanlegern steuerbar. Institutionelle Anleger sind weniger beeinflussbar, verfügen über größeres Hintergrundwissen und meistens über bessere technische Ausstattung zur Filterung interessanter Aktien. Diese Vorteile nutzen Institutionelle, um sich zu positionieren, bevor die Nachrichten sie erreichen. Die Kaufentscheidungen der meisten privaten Investoren gehen auf die Beeinflussung durch Nachrichten zurück. Das belegen auch Untersuchungen zum Fondskauf (Barber et al. 2005b). Privatanleger haben gelernt, Ausgabeaufschläge und Trading-Kosten zu berücksichtigen, doch unterschätzen sie die versteckten Kosten, z.B. für Managementgebühren, Vertrieb und Werbung. Dies ist natürlich ganz im Sinne der Fondsgesellschaft, die Privatanleger durch geschicktes Marketing und gezielte, permanente Werbung gewinnt. Gerade die Fonds mit den höchsten Werbeetats werden bevorzugt.

Daten: 66 465 Haushalte, nationaler Discount-Broker, USA **Zeitraum**: Jan. 1991 – Nov. 1996 **Daten**: 665 533 Investoren, privater Broker, USA **Zeitraum**: Jan. 1997 – Juni 1999 **Referenzen**: Barber et al. 2004, Barber et al. 2009b

»Die Aktie und der Privatanleger«, eine intensive Beziehung? Das könnte man so sagen, denn das Verhalten von Privatanlegern ist sehr viel stärker einschätzbar als bisher angenommen. Privatanleger machen eigentlich immer das Gleiche. Sie kaufen oder verkaufen Aktien, die in der Vergangenheit eine außergewöhnliche Performance hatten. Privatanleger kaufen immer wieder Wertpapiere, die ihnen schon einmal Gewinne einbrachten. Das Interesse an diesen Aktien wurde noch gesteigert, wenn die Kurse nach der Veräußerung gefallen waren. Weiterhin waren Wertpapiere mit ungewöhnlich hohen Trading-Volumina interessant. Privatanleger mieden Aktien langfristig, die sie mit Verlust verkauft hatten. Die im Depot verbliebenen Verlustbringer ergänzten sie immer wieder durch Zukäufe. Dadurch wurde der Einstiegspreis erniedrigt, der finanzielle Schaden allerdings vergrößert. Bemerkenswert war auch, dass Trading-Entscheidungen innerhalb eines Monats in verschiedenen Gruppen von Privatanlegern vergleichbar waren. Aktien, die bevorzugt gekauft wurden, standen auch in den darauf folgenden Monaten im Mittelpunkt des Interesses. Andererseits führten starke Verkäufe eines Wertpapiers dazu, dass dieses für längere Zeit gemieden wurde. Dieses Wissen könnten Sie gewinnbringend einsetzen.

6.3 Kondratieff eins bis sechs

Rhythmus (griech. = rhythmos) bezeichnet viele regelmäßige Abfolgen von Mustern. Das können Jahreszeiten, aber auch Tag und Nacht sein. Bekannt ist vielen auch der Biorhythmus (gemeint sind die körperliche, seelische und geistige Kurve).

Bei wirtschaftlichen Zusammenhängen wird in der Regel von Zyklen, seltener von Rhythmen gesprochen. **Zyklus** (griech. kiklos = Kreis) ist ein Kreislauf (z. B. eine wiederholte Aufeinanderfolge gleichartiger oder auch unterschiedlicher Ereignisse oder Dinge innerhalb eines Zyklusablaufs).

Zyklen begegnen uns in allen Lebensbereichen: Jahreszyklus, Mondzyklus, in der Biologie (z. B. Hormonzyklus, Lebenszyklus, Schlafzyklus, Zellzyklus) und natürlich in der Wirtschaft (z. B. Kondratieff-Zyklus, Konjunkturzyklus).

Unabhängig voneinander haben Konjunkturforscher Wirtschaftsschwankungen unterschiedlicher Länge festgestellt: **Saisonale** Schwankungen (ca. 3 Monate, den Jahreszeiten vergleichbar), **konjunkturelle** Schwankungen (ca. 4 Jahre) und **strukturelle** Schwankungen (40 bis 60 Jahre, **Kondratieff-Zyklen** nach **Joseph A. Schumpeter**, 1883–1950, österreichischer Wirtschaftswissenschaftler). **Konjunktur** ist die Gesamtsituation einer Volkswirtschaft, die sich aus verschiedenen volkswirtschaftlichen Größen ableitet (Tab. 14). **Konjunkturzyklen** bestehen aus verschiedenen **Phasen**: Aufschwung (Erholung, Expansion), Hochkonjunktur (Boom), Abschwung (Rezession) und Tief (Krise, Depression).

Phase	Erwartung	Lageeinschätzung
Tief	negativ	negativ
Aufschwung	positiv	negativ
Hochkonjunktur	positiv	positiv
Abschwung	negativ	positiv

Tab. 14: Konjunkturzyklus: Phase, Erwartung und Lageeinschätzung

Nikolai D. Kondratieff (1892–1938, russischer Wirtschaftswissenschaftler) entdeckte anhand von empirischen Daten aus Deutschland, Frankreich, England und den USA, dass kurze Konjunkturzyklen von langen Konjunkturwellen überlagert werden (1926). Dabei spielten **Schlüsseltechnologien** eine entscheidende Rolle. Diese Technologien ermöglichten die Erschließung weiterer Technikbereiche und waren entscheidend für die Wirtschaft (Tab. 15).

Die ersten vier Zyklen waren vor allem durch die Industrie geprägt. Im fünften Kondratieff wandelte sich die Industrie- zur Informationsgesellschaft. Vielleicht wird zukünftig der Mensch im Mittelpunkt stehen? Das könnte sogar sein, denn die Kondratieff-Theorie ist als gesamtgesellschaftlicher Vorgang zu verstehen.

Kondratieff-Zyklus	Schlüsseltechnologien	Bezug zum Menschen
1780/1800–1849	Dampfmaschine, Textilindustrie	Bekleidung
1849–1890	Stahl, Eisenbahn	Transport
1890–1940	Elektrotechnik, Chemie	Massenkonsum
1940–1990	Automobil, Petrochemie, Kernenergie	individuelle Mobilität
1990–	Informationstechnik, Kommunikationstechnik	Kommunikation, Globalisierung

Tab. 15: Kondratieff-Zyklen, Schlüsseltechnologien, Bezug zum Menschen

Wann wird der sechste Kondratieff-Zyklus beginnen? Wahrscheinlich werden kommende Zyklen weniger als 40 Jahre dauern, weil Entwicklungen schneller verlaufen als noch vor 50 oder 100 Jahren. Damit könnte der sechste Kondratieff-Zyklus bereits in den 20er-Jahren des 21. Jahrhunderts beginnen. Welche Schlüsseltechnologien werden ausschlaggebend sein? Diese zu erkennen könnte für Investoren interessant sein. Wird der Mensch dabei im Mittelpunkt stehen? Welche Unternehmen werden den sechsten Kondratieff-Zyklus prägen? Spielen Wissenstransfer, das Umsetzen von Wissen und ganzheitliche Gesundheit eine Rolle? Werden Technologien (Biotechnologie, Nanotechnologie, regenerative Energien) oder der Umgang mit Rohstoffen (z. B. Energiesparen, Energieeffizienz) wichtig sein?

6.4 Wellenreiten

Ralph N. Elliott (1871–1948, amerikanischer Buchhalter) entschlüsselte die Struktur von Kursbewegungen, die sich in einer rhythmischen Abfolge von Wellen entwickeln (**Elliott-Wellen**). Obwohl die Elliott-Wellen-Theorie zeitunabhängig ist, funktioniert sie bei mittel- und langfristigen Analysen besser als z. B. beim Intraday-Trading. Diese Beobachtung wurde durch die Erkenntnisse der **Chaosforschung** untermauert. **Benoît Mandelbrot** (*1924, polnisch-französischer Mathematiker) formulierte das Prinzip der Selbstähnlichkeit als Ordnungsstruktur des Kosmos. Die

Struktur des Makrokosmos spiegelt sich fraktal im Mikrokosmos wider, wird dort allerdings teilweise von chaotischen Strukturen überlagert. Derartige Strukturen wurden auch von Peters (1994, 1996) in den Märkten entdeckt. Die Arbeiten Elliotts wurden von Frost und Prechter (2003) weitergeführt.

Der Elliott-Wellen-Grundzyklus besteht aus zwei Basiswellen, einer **Impulswelle** und einer **Korrekturwelle**. Die Impulswelle wiederum hat fünf Wellen (1 bis 5), von denen drei aufwärts und zwei abwärts gerichtet sind. Die Korrekturwelle (A bis C) enthält drei Wellen, zwei davon laufen abwärts und eine aufwärts (Abb. 18).

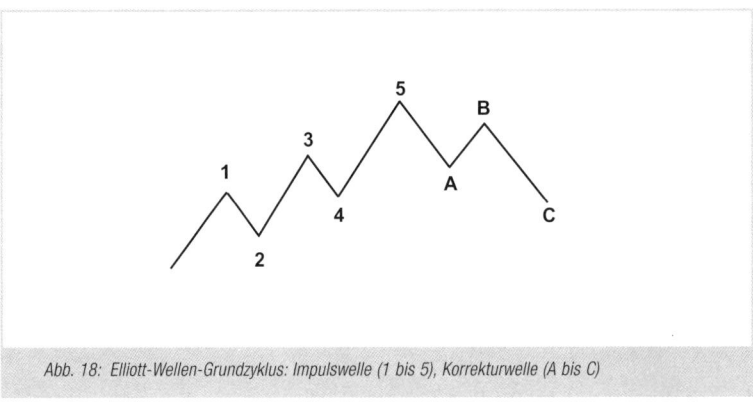

Abb. 18: Elliott-Wellen-Grundzyklus: Impulswelle (1 bis 5), Korrekturwelle (A bis C)

Ein kompletter Elliott-Wellen-Zyklus besteht aus acht Wellen. Die Zahlen eins (Zyklus), zwei (Impuls- und Korrekturwelle), drei (Grundstruktur der Korrekturwelle), fünf (Grundstruktur der Impulswelle) und acht (Summe der Unterwellen von Impuls- und Korrekturwelle) gehören zur **Fibonacci-Zahlenreihe** (0, 1, 1, 2, 3, 5, 8, 13, 21, 34, 55, 89 ...).

Wenn Sie z. B. die Quotienten von Fibonacci-Zahlen mit ihrer nachfolgenden bilden, erhalten Sie Werte um 0,618, z. B. 32/55. Verwenden Sie zur Berechnung des Quotienten den übernächsten Nachfolger, nähert sich die Zahl 0,382, z. B. 32/89. Wozu sind diese Berechnungen gut?

Fibonacci-Verhältnisse weisen oft auf das Größenverhältnis einzelner Wellen zueinander hin. Das ist vor allem für Anleger interessant, da die Größenverhältnisse bereits in der Entwicklung einer Welle Aussagen über mögliche mittel- bis langfristige Wendepunkte erlauben, z. B. über die Kurse von erwarteten Höchstständen in haussierenden Märkten oder auch das maximale Korrekturpotenzial bei Abwärtsbewegungen.

Die Herausforderung besteht allerdings im Erkennen der Wellen. Dafür sind vor allem geistige Flexibilität, analytische Fähigkeiten und sehr viel Erfahrung gefragt. Impulswellen sind in der Regel leicht einzuordnen. Schwieriger ist es dagegen festzustellen, ob eine Korrekturwelle abgeschlossen ist. Weisen sämtliche von Ihnen für möglich gehaltene Wellenzählungen in diese Richtung, können Sie über eine Long-Position nachdenken.

Die Elliott-Wellen-Theorie liefert in Märkten mit großem Umsatzvolumen gute Ergebnisse und eignet sich hervorragend, um massenpsychologische Effekte zu erfassen und/oder diese auch vorauszusagen. Vergegenwärtigen Sie sich, dass die Märkte dennoch innerhalb von Sekunden ihre Richtung ändern können und dabei auch auf Elliott-Wellen-Theorie-Experten keine Rücksicht nehmen.

6.5 Bericht aus Chicago

Der **Commitment of Traders Report** (CoT) und der **Commodity Index Trader Report** (CIT) sind vor allem für die am amerikanischen Markt interessierten Anleger spannend (Upperman 2006). Diese Daten werden wöchentlich von der Commodity Futures Trading Commission (www. cftc.gov) herausgegeben. Grundlage sind die Positionen, die in Futures-Kontrakten an der **Chicagoer Terminbörse** (CboT, Chicago Board of Trade) eingegangen sind. Die Futures-Daten werden nach **Commercials**, **Large** (meldepflichtige Trades aufgrund ihrer Größe) und **Small** (nicht meldepflichtige Trades) **Speculators** unterteilt.

Der Traum eines Anlegers besteht darin, Trendwenden vorherzusehen, um sich dann entsprechend zu positionieren. Was können CoT-Daten dazu beitragen?

»Billig kaufen und teuer verkaufen« ist die Devise. Investieren Sie z. B. in Rohstoffe. Das Besondere an Rohstoffen ist, dass sie immer einen Wert behalten, ganz im Gegensatz zu Aktien, die auch wertlos werden können. Rohstoffe bewegen sich in bestimmten Handelsspannen. Es stellt sich allerdings die Frage:»Wann ist ein Rohstoff teuer, wann ist er preiswert?« Ein Rohstoff ist günstig, wenn die Commercials unter dem Strich Long positioniert sind. Die Gefahr von fallenden Kursen besteht, wenn die Commercials Short-Positionen eingenommen haben. Dieses Wissen könnte Sie veranlassen, wenigstens keine Positionen gegen die Commercials zu halten.

Interessant ist vor allem, wenn die Positionen der Commercials Extremwerte erreichen. Überwiegen z. B. Short-Positionen, könnte der Einbruch des Rohstoffkurses nur noch eine Frage der Zeit sein. Im Gegensatz dazu ist ein Übergewicht an Long-Positionen in starken Trends weniger aussagekräftig. Unterstützen Sie Ihre Anlageentscheidungen z. B. durch die Technische Analyse und berücksichtigen Sie Fundamentaldaten oder saisonale Effekte.

Der Wellenreiter-Invest (www.wellenreiter-invest.de) von **Robert Rethfeld** bereichert vor allem die Futures- und Rohstoff-Trader mit einer täglichen Einschätzung zum wirtschaftspolitischen Geschehen, einem Marktüberblick mit Charts und Indikatoren. In der Montagsausgabe werden die CoT-Daten interpretiert. Das Besondere am Wellenreiter-Invest ist, dass Futures und Mini-Futures für die Indizes Dow Jones, S&P 500 und Nasdaq 100 berücksichtigt werden. Viele andere Anbieter stellen Futures und Mini-Futures getrennt dar oder lassen die Mini-Futures-Daten unter den Tisch fallen.

6.6 Voll im Trend

Fragen Sie sich immer wieder:»Was ist trendy?« Trend (engl. = trend) ist eine Modetendenz, die Richtung, in die eine Entwicklung geht. **Megatrends** sind besonders tiefgreifende und nachhaltige Trends, die gesellschaftliche und technologische Veränderungen betreffen. Die **Trendforschung** befasst sich mit der Beobachtung und Vorhersage von Trends.

Worin könnte der nächste Trend bestehen? Was wird in den nächsten Jahren benötigt? Nachwachsende Rohstoffe und erneuerbare Energien könnten interessant sein. Das Investieren in Schwellenländer (engl. = emerging markets) ist auch ein Trend. In den letzten Jahren war immer wieder von BRIC (= Brasilien, Russland, Indien, China) die Rede. Schließlich wurden auch weitere Emerging Markets ausgemacht, die sogenannten »Next Eleven« (Ägypten, Bangladesch, Indonesien, Iran, Mexiko, Nigeria, Pakistan, Philippinen, Südkorea, Türkei, Vietnam).

Gesucht werden also globale, dynamische Trends, die Gewinnaussichten von Unternehmen über viele Jahre stimulieren, z. B. die Versorgung der Weltbevölkerung mit Nahrungsmitteln und Wasser oder auch Infrastrukturprojekte. Gerade in Schwellenländern werden Milliarden von Euros in Infrastruktur investiert. In China werden innerhalb der nächsten Jahre einige weitere Großstädte entstehen.

Trends an der Börse sind anhaltende Kursbewegungen in eine Richtung: aufwärts (steigende Kurse), abwärts (fallende Kurse) oder auch seitwärts. Unsicherheit von Marktteilnehmern führt vor allem zu Seitwärtsbewegungen. Überreaktionen auf Informationen könnten für Trader interessant sein, da sie zu kurzfristigen Trendbewegungen führen. Trends sind vor allem auch Werkzeuge der technischen Analyse. Wie identifiziere ich einen Trend? Setzen Sie sich mit Trendlinien (Widerständen, Unterstützungen), Trendkanälen und Trendbrüchen (Ein- und Ausstiegssignale) auseinander (Murphy 2004, Schwager 2003). Das Erkennen von Trends könnte auch für Sie gewinnbringend sein, denn »The trend is your friend« (engl. = Der Trend ist dein Freund). Den besten Überblick für Investoren geben Langfristcharts (5 Jahre, noch besser sind Zeiträume von 10 Jahren). Ich treffe immer wieder Menschen, die sagen: »Objektiv gesehen ...« oder »Ganz klar, dass der Kurs der Aktie steigt ...«. Technische Analyse ist immer ein Abwägen unterschiedlicher Indikatoren.

Dem Trend zu folgen könnte man auch als Herdenverhalten bezeichnen. Als »Trendfolger« gehen Sie den Weg des geringsten Widerstands. Sie könnten allerdings auch einen hohen Preis dafür zahlen, wenn Sie das Ende eines Trends nicht rechtzeitig wahrnehmen.

Globalisierung ist auch ein Trend. Sie spielt eine wesentliche Rolle im fünften Kondratieff-Zyklus und bedeutet zunehmende internationale Verflechtung in unterschiedlichen Bereichen wie Wirtschaft, Politik, Kultur, Umwelt und Kommunikation. Einen Überblick gibt der Atlas der Globalisierung (Ramonet 2006), der die Herausforderungen unserer Zeit wiedergibt: bedrohte Umwelt, Gewinner und Verlierer (z. B. Schuldenfalle, Pensionsfonds, Sozialversicherung), ungelöste politische Konflikte oder der Aufstieg Asiens.

Was bedeutet Globalisierung für den Trader? Sie führt vor allem dazu, dass Einflüsse und Abhängigkeiten von großen Volkswirtschaften, z. B. China, eine stärkere Wirkung zeigen. Lange Zeit war der Blick aus Deutschland »über den großen Teich« an die Wallstreet das Maß der Dinge. Das hat sich geändert, denn der sprichwörtliche Sack Reis, der in China umfällt, hat mittlerweile einen starken Einfluss auf die großen Börsen der Welt. In den letzten Jahren ist auch die Verflechtung der einzelnen Aktienmärkte im Allgemeinen gestiegen. Immer öfter können Sie beobachten, dass z. B. die Indizes von DAX, Dow Jones, Nikkei und HangSeng einander folgen. Die Stimmung wird von Börse zu Börse weitergetragen, vergleichbar der Fackel mit dem olympischen Feuer. Neue Informationen tragen dazu bei, die Stimmungen zu verstärken, oder führen einen Richtungswechsel herbei. Damit reduzieren sich die Vorteile der Länderdiversifikation. Informations- und Kommunikationstechnik führen laut einer Studie des Zentrums für Europäische Wirtschaftsforschung (ZEW) zu einer Veränderung der Korrelationen internationaler Aktienindizes. Dabei wurde festgestellt, dass die Wechselwirkungen zwischen den Ländern stark zugenommen haben. Doch selbst wenn sich der Globalisierungstrend fortsetzt, erlaubt die Diversifikation nach Regionen weiterhin eine beträchtliche Risikoreduktion (Wälchli et al. 2000b). Wichtig ist, dass Sie einen »Welt-Blick« entwickeln, der die Zusammenhänge berücksichtigt.

Verschiedene Autoren widmen sich Globalisierungsthemen auf unterschiedliche Weise. Die Bücher »Unentdeckte Chancen« (Wilhelmi, Vaupel 2007) oder auch »Wenn es in Brasilien regnet, investieren Sie in Starbucks-Aktien« (Navarro 2006) könnten Ihren geistigen und Ihren Anlagehorizont erweitern.

7 Trading mit Sentiment

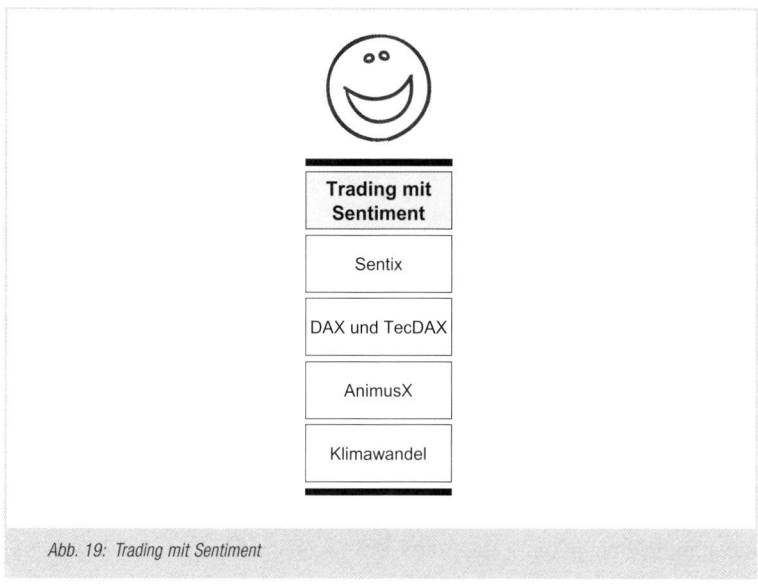

Abb. 19: Trading mit Sentiment

Sentiment (engl./franz. = Empfindung, Gefühl, Stimmung) wird an der Börse allgemein für die **Marktstimmung** verwendet. Sentimentindizes und Sentimentindikatoren sind Stimmungsindikatoren, die die Einschätzung von Investoren über die zukünftige Entwicklung von Märkten beschreiben. Sentimentanalysten versuchen, die Stimmung an der Börse über Umfragen oder die Auswertung von Marktstatistiken zu messen. Die so gewonnenen Stimmungsindikatoren könnten Aufschluss über die weiteren Kursverläufe von Indizes oder auch Einzelwerten geben. Sentimentindizes beschreiben die Einschätzung von aktiven Investoren über die Entwicklung von Märkten.

In den Vereinigten Staaten gibt es Sentimentindizes seit Beginn der 1960er-Jahre. Sie gelten als anerkanntes und gefragtes Instrument zur Messung von Marktstimmungen. Die beiden vermutlich ältesten und auch bekanntesten sind der Bullish Consensus von Market Vane und der Investors Intelligence (Tab. 16).

Bullish Consensus	Investors Intelligence
www.marketvane.net	www.investorsintelligence.com
seit 1964	seit 1963
Warentermin- und Devisenmärkte	vorwiegend Aktienmärkte
kostenpflichtig: täglich oder wöchentlich	kostenpflichtig: wöchentlich
Datenbasis: Kauf- und Verkaufs-empfehlungen von Analysten, Beratern und Marktbeobachtern	**Datenbasis:** Empfehlungen der Börsenbriefe

Tab. 16: Sentimentindizes aus den Vereinigten Staaten: Bullish Consensus und Investors Intelligence

Der kostenpflichtige Sentimentrader (www.sentimentrader.com) bietet z. B. über 90 Sentimentindikatoren für verschiedene amerikanische Märkte.

Die Sentimentanalyse nimmt mittlerweile auch in Deutschland einen wichtigen Platz bei der Einschätzung der Märkte ein. Davon zeugen z. B. die ständig steigenden Zahlen von Umfrageteilnehmern bei sentix Behavioral Indices und animusX-Investors-Sentiment. Beide »Stimmungsbarometer« haben mehr als 2000 registrierte Investoren, von denen mehrere hundert Institutionelle aus den Bereichen Bankwesen, Versicherung und Vermögensverwaltung kommen. Banken und große Online-Broker entwickeln auch eigene Sentimentindikatoren, die beim Eigenhandel berücksichtigt und teilweise auch Kunden zur Verfügung gestellt werden.

Wie entwickeln sich die Aktien in den nächsten Stunden? Die Firma Prozentor liefert kostenfrei stündlich aktualisierte Aktienprognosen (www.happyyuppie.com). Analysiert werden die Aktien verschiedener Märkte (deutsche und weitere europäische Indizes, z. B. die Schweiz und Österreich, Dow Jones Index und Nasdaq) auf Basis statistischer Zeitreihenanalysen. Darüber hinaus erhalten Sie auch mittelfristige (ein Tag) und langfristige (Monatsbasis) Trading-Signale (akkumulieren, halten, reduzieren), die täglich über Nacht aktualisiert werden.

7.1 Sentix

Sentix Behavioral Indices (www.sentix.de) ist die Erfolgsgeschichte von **Manfred Hübner** und **Patrick Hussy**, die seit 2001 der Börsenstimmung auf der Spur sind. Sentix fragt z. B., was Anleger bewegt, wie sie investiert sind oder auch wie ihre Anlageentscheidungen entstehen. Die unterschiedlichen sentix-Sentimentindizes geben Antworten darauf.

Diese Indikatoren erlauben Vergleiche der Markterwartung verschiedener Anlegergruppen (**private** und **institutionelle Anleger**). Darüber hinaus können Sie das Marktsentiment von zwölf unterschiedlichen Märkten in Beziehung setzen (**Intermarket-Analyse**): Aktien (DAX, EuroStoxx 50, Nikkei, S&P 500), Renten (Bund-Future, US-Treasury-Future), Währungen (EUR/USD, USD/JPY) und Rohstoffe (Öl, Gold). Intermarket-Analyse bedeutet, dass zwei Datenreihen miteinander verglichen werden. Dazu werden vor allem Langfristcharts von Aktienindizes, Rohstoffen und Devisen verwendet. Die Intermarket-Analyse könnte zu Ihrem Anlageerfolg beitragen, denn mit diesem Verfahren können Sie Trends erkennen oder andere Analyseansätze ergänzen oder bestätigen.

Sentimentdaten werden immer im Kontext bewertet. Dabei spielen die Marktpreisentwicklung, die Positionierung und das absolute Sentiment eine Rolle. Die wöchentliche Umfrage dient dazu, Übertreibungen in der Marktstimmung zu identifizieren und damit auf vielleicht bevorstehende Trendwenden zu schließen. Beruht die Stimmung der Marktteilnehmer auf Fakten oder ist eine gewisse Voreingenommenheit der Anleger zu erkennen? Wie gehen Investoren mit Nachrichten um? Neigen sie etwa zu Vereinfachungen oder blenden sie bestimmte Nachrichten aus, die ihnen nicht gefallen?

Die Umfrageteilnehmer geben ihre Einschätzungen kurzfristig (auf Monatssicht) und auf mittelfristige Sicht (sechs Monate) ab. Dabei äußern sie sich, ob sie steigende, seitwärts tendierende oder fallende Kurse erwarten. Zusätzlich wird wöchentlich eine Sonderumfrage zu einem ausgewählten Kapitalmarktthema durchgeführt. Die Ergebnisse können Sie montags abrufen.

Sentix stellt Ihnen eine ganze Reihe von Sentimentindizes zur Verfügung, die Sie dann interpretieren können. Wem das zu viel ist, der kann auch auf das sentix-weekly-Sentiment zurückgreifen, die übersichtliche Darstellung aller Daten, die Hübner und Hussy treffsicher kommentieren. Der Zugang zu den vielen Informationen ist für regelmäßige Umfrageteilnehmer kostenfrei. Die einzelnen Indizes sind ausführlich beschrieben, die Berechnungsgrundlagen sind ebenfalls angegeben. Die meisten Indizes sind als Gesamtindex für die Einschätzung aller Anleger und auch als Teilindizes (private und institutionelle Investoren) verfügbar.

Sentimentindikatoren könnten auch Ihre Anlageentscheidungen positiv beeinflussen.

Das **kurzfristige Sentiment** folgt z. B. den Börsenkursen und unterliegt einer hohen Schwankungsintensität. Das legt nahe, dass Anleger offensichtlich leicht zu verunsichern sind. Dieses Sentiment zeigt darüber hinaus, dass das Verhalten in Zeiten von Hausse und Baisse unterschiedlich ist, genau wie in der Prospect-Theorie beschrieben.

Kaufgelegenheiten werden in der Regel aus pessimistischen Extremwerten abgeleitet, da sie ein Markttief darstellen. Andererseits gehen optimistische Extremwerte nicht unbedingt mit Wendepunkten im Markt einher. Die Beobachtungen von sentix zeigen, dass bei nachfolgenden Markthochs die Stimmung nicht unbedingt weiter steigt.

Das **mittelfristige Sentiment** ist eine Bewertungssituation, die Institutionelle und Privatanleger in der Regel ähnlich einschätzen. Das Sentiment institutioneller Anleger besitzt Prognosekraft, die statistisch nachgewiesen wurde. Des Weiteren trifft dieses Sentiment den Zeitpunkt einer Wende genauer als jenes der Privatanleger. Investoren könnten davon profitieren, wenn sie das mittelfristige Sentiment der Institutionellen berücksichtigen, z. B. könnte eine Stimmungsverschlechterung auf Verkaufsbereitschaft deuten. Die Aussagekraft dieses Sentiments ist für die inländischen Märkte besonders hoch. Das könnte auf die gute Verfügbarkeit von Informationen zurückzuführen sein.

Anleger könnten auch aus dem relativen Sentiment beider Anlegergruppen Nutzen ziehen. Extremwerte im bullishen Sentiment der Privatanleger deuten auf eine bevorstehende Kurskorrektur. Bei Werten, die starken Pessimismus ausdrücken, kündigen sich steigende Kurse an.

Weitere wertvolle Informationen für Anleger könnte der **Investitionsgrad** bieten. Märkte und Investitionsgrad verhalten sich in der Regel prozyklisch. Das Investitionsverhalten von Privatanlegern und Institutionellen ist vergleichbar. Interessant könnte auch sein, dass der Investitionsgrad der Institutionellen normalerweise früher einen Extremwert ausbildet. Unterschiedliches Verhalten im Investitionsgrad und im Sentiment könnte auch Hinweise auf Konsonanz und Dissonanz geben.

Besondere sentix-Tools sind die **sentix-Generatoren**, z. B. das **Branchensentiment**, das Ihnen auf mittelfristige Sicht Informationen über die Einschätzung der Lage von 18 verschiedenen Branchen geben kann. Welche Branchen werden von Anlegern bevorzugt? Welche werden vielleicht eher stiefmütterlich behandelt? Die Stimmung verschiedener Branchen könnte Ihnen wertvolle Hinweise liefern, in welche Richtung der Markt tendiert.

Extremwerte im Branchensentiment stehen zeitlich in engem Zusammenhang mit Umkehrpunkten im Kursverlauf. Darüber hinaus sind die Unterschiede von privaten und institutionellen Anlegern interessant, denn absolute Tiefs werden in der Regel vom deutlich höheren Pessimismus der Privatanleger getragen. Die Betrachtung der Sentimentdifferenz könnte daher als Bestätigung für Marktwendepunkte gewertet werden. Die Einschätzung einzelner Branchen wird immer relativ zum Gesamtmarkt erfragt. Daher können Sie auch wichtige Informationen aus dem Verhältnis bestimmter Branchen zum Gesamtmarkt erhalten.

Der **sentix-Overconfidence-Index** beantwortet die Frage, inwieweit Marktbewegungen zu einer Über- oder Unterschätzung der Prognosefähigkeit der Anleger führen.

In monatlichen Abständen wird darüber hinaus die Investitionsbereitschaft der Anleger in Neuemissionen ermittelt (**sentix-IPO-Barometer**). Fragen zur Weltwirtschaft beantwortet der **sentix-Konjunkturindex**. Kommt der Aufschwung oder gleitet die Konjunktur in die Rezession? Fragen, die der sentix für verschiedene Märkte beantwortet (Euroland, USA, Japan, Asien ohne Japan, Osteuropa und Lateinamerika).

Die Sentimentindizes von sentix genießen in der Finanzbranche einen ausgezeichneten Ruf. Vielleicht noch viel wichtiger aber ist, dass der sentix von institutionellen Anlegern oftmals zur Analyse der Märkte eingesetzt und im Vorfeld von Investmententscheidungen als ein wichtiges Kriterium berücksichtigt wird.

Der sentix verfügt auch über eine umfangreiche Wissensdatenbank, die wertvolle Informationen aus den Bereichen Behavioral Finance, Sentimentanalyse, Technische Analyse und Intermarket-Analyse vorhält.

7.2 DAX und TecDAX

www.boerse-frankfurt.com
> Aktuelles
> Marktsentiment
> DAX Sentiment
> TecDAX Sentiment

Steigen, fallen oder tendieren die Indizes in den nächsten 30 Tagen seitwärts? Die deutsche Börse befragt für das DAX- und das TecDAX-Sentiment etwa 150 institutionelle Investoren (Fondsmanager, Vermögensverwalter, Eigenhändler, Asset-Manager). Darüber hi-naus wird für den TecDAX-Stimmungsindikator zusätzlich die Meinung von ungefähr 150 Privatanlegern eingeholt. Dabei werden ausschließlich aktive Marktteilnehmer befragt, die eine psychische und materielle Bindung (Commitment) an ihre Investitionen haben. In der Regel können ihre Einschätzungen als Spiegel ihrer Positionen gesehen werden. Marktteilnehmer, die Aktien gekauft haben, äußern sich meistens positiv, wohingegen es sich gerade anders herum verhält, wenn einer seine Positionen abgebaut hat. Die Deutsche Börse befragt nach Möglichkeit dieselben Investoren, was eine Voraussetzung für verlässliche Ergebnisse ist. Darüber hinaus müssen bei jeder Befragung die Antworten von mindestens 80 Prozent der institutionellen Investoren einfließen. Die anonymisierten Daten werden an die Firma Cognitrend (www.cognitrend.de) weitergeleitet, die sie im Auftrag der Deutschen Börse auswertet, die Sentimentindizes berechnet und interpretiert. Die Ergebnisse stehen Ihnen donnerstags auf der Internetseite der Deutschen Börse zur Verfügung.

www.cognitrend.de
> Service
> Web TV
> Cognitrend Web TV
> WGZ Cognitrend TV

Cognitrend, gegründet von **Joachim Goldberg**, bereichert die deutsche Sentiment- und Behavioral-Finance-Landschaft durch weiteren Service. Damit ist vor allem das Internetfernsehen gemeint. Cognitrend-Mitarbeiter analysieren börsentäglich die Finanzmärkte und liefern Ihnen innerhalb weniger Minuten eine Einschätzung der Märkte aus verhaltensorientierter Sicht (WGZ Cognitrend TV: Aktienmarktanalyse; Cognitrend Web TV: Devisenmarktanalyse).

7.3 AnimusX

Haben Sie vor, eine Aktie aus dem DAX-30 zu kaufen? Überlegen Sie, vielleicht im Renten- oder Devisenmarkt zu investieren? Interessiert Sie, wann institutionelle oder private Investoren ihre Positionen im Markt aufstocken oder der Börse den Rücken kehren? Antworten finden Sie bei animusX-Investors-Sentiment (www.animusx.de), einem deutschen Anbieter zum Thema Sentimentanalyse unter besonderer Berücksichtigung technischer Kriterien. Das Wissen und die Anwendung von Technischer Analyse haben großen Einfluss auf die Märkte. Immer mehr Marktteilnehmer vertrauen auf Widerstände, Unterstützungen und setzen die Charttechnik als wichtige Entscheidungsgrundlage ein. Dieser Tatsache trägt **Thomas Theuerzeit** beim animusX-Investors-Sentiment Rechnung. Die regelmäßige Teilnahme an der seit 2003 wöchentlich durchgeführten Umfrage erlaubt Ihnen freien Zugriff auf alle Grafiken und Kommentare. Die animusX-Sentimentindikatoren werden aus folgenden zehn Fragen zu den Aktien-, Renten- und Devisenmärkten gewonnen.

○ Fragen zu DAX, Bund Future, EUR/USD-Verhältnis
Sind Ihre Erwartungen bezüglich folgender Märkte in der vergangenen Woche erfüllt worden?

Planen Sie in den nächsten 2 Wochen weitere Investments?

Wie werden Sie sich bei Ihren neuen bzw. bestehenden Investments in den nächsten 2 Wochen verhalten?

Auf Sicht von 2 Wochen: Ab zirka welchem Niveau würden Sie folgende Märkte kaufen/Positionen aufstocken und ab welchem Niveau verkaufen/Positionen reduzieren?

In welcher Zyklusphase befinden sich die Märkte aktuell und welche Zyklusphase erwarten Sie in 3 Monaten?

○ Frage zu den DAX-30-Aktien
Wie bewerten Sie folgende Top30-Aktien auf Sicht der nächsten 3 Wochen?

○ Fragen zu Aktien-, Renten- und Devisenmärkten
Wie haben Sie die allgemeinen Finanznachrichten in dieser Woche wahrgenommen?

Wie sind Sie derzeit in folgenden Märkten, bezogen auf Ihr Gesamtportfolio, investiert?

○ Fragen zum Gold- und Rohölpreis
Wie wird sich der Goldpreis entwickeln? (1 Monat, 3 Monate)
Wie wird sich der Rohölpreis entwickeln? (1 Monat, 3 Monate)

AnimusX bietet eine Fülle von Sentimentindizes an. Hervorzuheben sind die **animusX-Ratios**, die Ein- und Ausstiegskurse der Marktteilnehmer anzeigen. Theuerzeit ermittelt den Kurs, bei dem ein Investor bereit ist, einen Markt zu kaufen oder zu verkaufen. **AnimusX-Ratio-Generatoren** für den DAX, Bund Future und das EUR/USD-Verhältnis könnten Ihre Anlageentscheidungen unterstützen, da sie die Einstandspreise und mögliche Angebots- oder Nachfrageüberhänge im Markt (Unterstützungen und Widerstände) abbilden. Damit nicht genug, denn auch die Stärke von Widerständen und Unterstützungen wird angezeigt. Diese Informationen könnten Ihnen z. B. das Setzen von Stoppkursen erleichtern.

Der **animusX-OverconfiX** ermittelt den Grad der Selbstüberschätzung von Marktteilnehmern, die Ursache für höhere und auch riskantere Investitionen sein könnte. Das **animusX-Newsbarometer** lässt Rückschlüsse auf eine mögliche selektive Wahrnehmung von Marktteilnehmern zu. Interessant sind auch der **animusX-Aktiengenerator** für einzelne DAX-30-Werte (da sind die Sentimentdaten den Aktienkursen gegenübergestellt) und der **animusX-Matrixgenerator** (tabellarische Übersicht aller DAX-30-Titel).

7.4 Klimawandel

Die Meinung von Experten ist gefragt. Daher haben auch die folgenden Indikatoren, die allerdings in größeren Zeitabständen erhoben werden, feste Plätze in den Terminkalendern von Investoren.

www.cesifo-group.de
> Wirtschaftsinformationen
> Umfrageergebnisse
> ifo Geschäftsklima

Das **ifo Geschäftsklima** der gewerblichen Wirtschaft ist ein Frühindikator für die konjunkturelle Entwicklung in Deutschland. Der Index besteht aus den Komponenten Geschäftslage und -erwartungen. Das ifo Institut befragt monatlich über 7000 Unternehmen im Verarbeitenden Gewerbe, im Bauhauptgewerbe, im Groß- und Einzelhandel zu ihrer Einschätzung der konjunkturellen Lage und kurzfristigen Planung.

Die aus dem Center for Economic Studies (CES), dem ifo Institut für Wirtschaftsforschung und der CESifo GmbH (Münchener Gesellschaft zur Förderung der Wirtschaftswissenschaften) bestehende CESifo-Gruppe ist ein europäischer Forschungsverbund, der die theoretisch orientierte volkswirtschaftliche Forschung der Universität mit der empirischen Arbeit eines führenden Wirtschaftsforschungsinstituts verbindet. Das ifo Institut veröffentlicht weitere Indikatoren, z. B. den ifo Konjunkturtest Dienstleister (monatlich) und das ifo Weltwirtschaftsklima (quartalsweise).

Das ZEW führt seit 1991 monatlich eine Umfrage zur Stimmung unter den deutschen Finanzanalysten durch. Insgesamt werden ungefähr 400 Experten aus Banken, Versicherungen und großen Industrieunternehmen zu ihrer Einschätzung wichtiger Finanzkennzahlen befragt, z. B. Inflationsraten, Zinsen, Aktienindizes, Devisen und Ölpreis. Die Ergebnisse finden Sie im **ZEW-Finanzmarktreport.** Die Konjunkturerwartungen werden besonders beachtet, da sie als weiterer Frühindikator für die konjunkturelle Entwicklung in Deutschland gesehen werden.

www.zew.de
> Publikationen
> ZEW Finanzmarktreport
> weitere Informationen und Downloadmöglichkeit
> G-Mind

Der **German Market Indicator (G-Mind)** wird aus den Ergebnissen des ZEW-Finanzmarktreports berechnet. Der G-Mind wird als Indikator für die mittelfristige Entwicklung der deutschen Finanzmärkte gesehen. Dabei ist der Gesamtindikator weniger aussagekräftig als die beiden Komponenten **G-Mind Stocks** und **Bonds**, die die Markterwartungen zum Aktien- und Rentenmarkt beschreiben.

www.boerse-frankfurt.com
> Aktuelles
> Marktsentiment
> IPO-Sentimentindikator

Stimmungen machen Märkte, das gilt besonders für den **IPO-Markt.** Von den Einschätzungen der Unternehmen und der sie betreuenden Banken hängt ab, ob Unternehmen einen Börsengang wagen. Dann spielen vor allem die Erwartungen von Investoren eine Rolle, die die zukünftige Entwicklung der Aktie entscheidend prägen. Das IPO-Sentiment legt diese Stimmungen offen. Die Deutsche Börse hat dazu gemeinsam mit **Christoph Kaserer** vom Center for Entrepreneurial and Financial Studies (CEFS) der Technischen Universität München den **IPO-Sentimentindikator** entwickelt.

Dieser Indikator wird quartalsweise veröffentlicht und bietet Investoren, Emittenten und Banken ein Instrument zur Einschätzung der Marktlage am deutschen Emissionsmarkt. Der verhaltensorientierte Ansatz basiert auf Erkenntnissen der empirischen Kapitalmarktforschung kombiniert mit den Erfahrungen der Behavioral Finance. Der Indikator besteht aus den Komponenten **IPO-Klima** und **Underpricing-Sentiment.** Underpricing (www.ipo-underpricing.com) bedeutet, dass der Emissionspreis niedriger als der erste Börsenkurs ist. Haussierende Märkte sind oft mit starkem Underpricing verbunden und die IPOs vielfach überzeichnet. Die langfristige Performance von Erstemissionen war allerdings umso niedriger, je höher das Underpricing war. Sie sollten daher überlegen, vielleicht einen Teil Ihrer Zeichnungsgewinne im kurz- bis mittelfristigen Zeitfenster zu realisieren.

Unternehmen planen vor allem nach Phasen mit starkem Underpricing ihren Börsengang, da die langfristige Wertentwicklung im Vordergrund steht.

Konjunkturindikatoren spiegeln und beeinflussen die Stimmung an den Märkten. Von daher könnte eine Zusammenstellung von 100 wichtigen Konjunkturindikatoren für Sie interessant sein (Kater et al. 2006).

8 Trading mit Kopf und Bauch

Abb. 20: Trading mit Kopf und Bauch

Im grauen Trader-Alltag spielen Bewegung an der frischen Luft und regelmäßige, ausgewogene Ernährung meistens eine untergeordnete Rolle. Viele Trader sitzen in einem geschlossenen Raum. Die Luft ist vermutlich trocken. Leuchtstoffröhren könnten ein eingeschränktes Spektrum von Licht liefern. Dazu kommt die Wirkung der elektronischen Geräte des PC-Arbeitsplatzes und das Einwirken von akustischen (z. B. Handy, Radio) und visuellen Signalen auf den Trader.

Wie können Trader das Problem zwischen gewünschtem Zustand und Wirklichkeit lösen? Dieses Kapitel soll Ihnen dazu Wege aufzeigen. Das Gehirn spielt im ersten Teil die zentrale Rolle (Kap. 8.1). Dabei steht vor allem das emotionale Gehirn im Vordergrund. Gerade Trader brauchen einen klaren Kopf, um gute Entscheidungen treffen zu können. Wie aber wird das emotionale Gehirn bestmöglich unterstützt? Die Kapitel 8.1.1 (Futter fürs Gehirn) und 8.1.2 (Gehirntraining) liefern Ihnen Antworten auf diese Frage. Trading mit Köpfchen ist das eine, doch spielen auch Bauchentscheidungen eine Rolle (Kap. 8.2).

Lebendige Hirnforschung verständlich wiedergegeben: 📖 **Gerd Gigerenzer**, 📖 **Gerald Hüther** und 📖 **Manfred Spitzer**. Das Wissensmagazin Scinexx liefert aktuelle Beiträge zum Thema Hirnforschung (www.scinexx.de).

8.1 Der Kopf des Ganzen

Neurowissenschaft (engl. = **neuroscience**) umfasst viele verschiedene Wissenschaftsbereiche, die sich mit der Struktur, Funktion und Entwicklung des Nervensystems befassen. Im Mittelpunkt der Untersuchungen steht das menschliche Gehirn. Es steuert vor allem die Körperfunktionen, bewertet Informationen und verarbeitet sie zu Reaktionen. Das Gehirn ist ein komplexes Gebilde, das bis zu 100 Milliarden Nervenzellen (griech. neuron = Nerv) enthält. Einzelne Neuronen sind über Synapsen mit weiteren 100 bis 10 000 Neuronen netzwerkartig verknüpft. Durch ihre elektrische Erregbarkeit und Leitfähigkeit können Nervenzellen Impulse selektiv weiterleiten, Informationen verarbeiten und gegebenenfalls auch speichern.

Das menschliche Gehirn umfasst vier wesentliche Regionen: das Großhirn (von dort werden wir gesteuert), das Zwischenhirn (die zentrale Schaltstation und der Regulator hormonaler Funktionen), das Kleinhirn (verantwortlich für regulierte und koordinierte Bewegungen, vermutlich auch für nicht bewusstes Lernen) und schließlich der Hirnstamm (steuert vegetative Funktionen, z. B. Atmung, Blutdruck, Verdauung).

Darüber hinaus ist das **emotionale Gehirn** (limbisches System, lat. *limbus* = Saum) bedeutsam, das aus den verschiedenen Gehirnbereichen gebildet wird. Das limbische System verarbeitet die Informationen der Umwelt, ist für das emotionale Verhalten verantwortlich und vermutlich auch an Lernprozessen beteiligt (Abspeicherung von Gedächtnisinhalten).

Die Versorgung des emotionalen Gehirns ist für Trader von besonderer Bedeutung. Stabilität und Pflege des limbischen Systems könnten über Gewinn oder Verlust entscheiden. Akupunktur kann dabei das emotionale Gehirn unterstützen, denn Sie wissen: »Börse ist Emotion!« Die EMDR-Methode (engl. = Eye Movement Desensitization and Reprocessing) von **Francine Shapiro** (*1948, amerikanische Literaturwissenschaftlerin und Psychologin) verspricht die Auflösung von psychischen Schocks, die z. B. durch hohe Verluste verursacht werden (Servan-Schreiber 2006).

Auch die Ernährung hat einen sehr großen Einfluss auf das emotionale Erleben. Die Gründe dafür liegen vermutlich in der Zeit, als sich das Gehirn des *Homo sapiens* entwickelte. Damals ernährten sich Menschen mit viel Fisch und Krustentieren. Diese Ernährung, die reich an Omega-3-Fettsäuren war, könnte dazu geführt haben, dass Neuronen mit optimalen Eigenschaften gebildet wurden.

8.1.1 Futter fürs Gehirn

Trader brauchen »Futter fürs Gehirn« (brainfood). Dabei handelt es sich um Nahrungsmittel, die die Arbeit des Gehirns unterstützen. Da das Gehirn anders als Muskeln oder Fettgewebe keine Energie speichern kann, ist es auf eine regelmäßige und ausgewogene Nahrungszufuhr angewiesen. Konzentration und geistige Leistungsfähigkeit werden durch Kohlenhydrate, Eisen (in roten Fleischsorten, Hülsenfrüchten), in geringen Mengen auch durch Koffein unterstützt. Die Gedächtnisleistung wird durch Phenylalanin (z. B. in Fisch, Getreide, Hülsenfrüchten) und das Abrufen und Speichern von Informationen durch Serin (z. B. in Gemüse, Getreide) positiv beeinflusst (Kiefer, Zifko 2006). Proteine sind wichtig, denn sie ermöglichen die Kommunikation der Gehirnzellen miteinander. Besondere Bedeutung für den Trader haben vor allem auch die mehrfach ungesättigten Omega-3-Fettsäuren (EPA = Eicosapentaensäure und DHA = Docosahexaensäure), die den reibungslosen Informationsfluss im Gehirn gewährleisten. Servan-Schreiber (2006) beschreibt den Einfluss dieser Fettsäuren anschaulich anhand ausgewählter Beispiele. Mangelerscheinungen steigern das Risiko für Depressionen erheblich und führen bei Stress sehr viel schneller zu Panikreaktionen. Eine regelmäßige

Versorgung dagegen führt zu einem dauerhaft ausgeglichenen Grundzustand Ihres emotionalen Gehirns. Darüber hinaus sind B-Vitamine für das gesamte Nervensystem wichtig. Vitamin-B-Mangel führt zu einer spezifischen Schädigung der Nerven.

Der gesamte Körper, besonders das Gehirn, ist auf Wasser angewiesen. Wasser ist **der** Braindrink schlechthin. Trinken Sie Wasser ohne zugesetzte Kohlensäure, noch besser warmes Wasser. Wasser ist unser wichtigstes Nahrungsmittel. Der Körper braucht 2 bis 3 Liter täglich, um leistungsfähig zu bleiben. Trinken Sie regelmäßig, bevor Sie Durst verspüren (www.trinkberater.de).

8.1.2 Gehirntraining

Wie können Trader das Gehirn trainieren? Möglichkeiten bieten z. B. Brain Gym®, Lernen mit Lernpuls, die HerzIntelligenz®-Methode und Mindmachines.

Brain Gym®: Dennison und Kollegen haben durch Versuche mit Schülern herausgefunden, dass bestimmte Übungen zum erfolgreichen Lernen, Konzentrieren und Denken beitragen können. Die meisten davon sind einfache gymnastische Übungen und Akupressurtechniken, die leicht am Arbeitsplatz durchgeführt werden können. Der Begriff Edu-Kinesiologie (engl. = educational kinesology) ist ebenso gebräuchlich. Das, was bei Schülern eine positive Wirkung erzeugt, könnte auch Ihren Trader-Alltag bereichern (Dennison et al. 2004).

HerzIntelligenz®-Methode: Intelligenz hat für die meisten Menschen etwas mit Denken zu tun. Sie wissen bereits, dass auch der Bauch »denken« kann. Doch gibt es noch eine weitere Intelligenz, die Ihr Leben bereichern könnte: die Herzintelligenz. Trading-Entscheidungen werden oft emotional statt rational gefällt. Die Herzintelligenz-Methode (**HearthMath®** z. B. www.hunterkane.com) könnte einen positiven Einfluss auf Ihre Trading-Performance ausüben. Dabei ist es wichtig zu verstehen, dass das Gehirn durch das Herz beeinflusst wird. In den letzten zehn Jahren ist es gelungen, charakteristische Arten von Herzschlagschwankungen zu messen, die Chaos und Kohärenz genannt werden.

Lernen mit Lernpuls

Daten: fast 30 000 Menschen

Zeitraum: 36 Wochen

Referenz: Ertel, www.menshealth.de

Gehirn und Sport, eine bereichernde Verbindung? Das Szenario ist folgendes: Sie treten in die Pedale eines Fahrrad-Ergometers und lesen z. B. »Besser mit Behavioral Finance«. Dabei spielt die Pulsfrequenz, mit der Sie sich sportlich betätigen, eine wichtige Rolle. Ertel hat herausgefunden, dass Lernen bei bestimmten Frequenzen sehr viel besser funktioniert als im Ruhepuls. Sie haben einen Lernpuls, der sich folgendermaßen berechnen lässt: Addieren Sie Ihren Ruhepuls und Ihr Lebensalter. Anschließend halbieren Sie die Summe und subtrahieren das Ergebnis von 160. Warum funktioniert das Lernen mit Lernpuls? Das Gehirn wird durch die Bewegung stärker durchblutet und verarbeitet dadurch Informationen besser. Die Zahl der Neuronen nimmt zu und neue synaptische Verbindungen werden gebildet. Die rechte und linke Gehirnhälfte werden ebenfalls besser miteinander verbunden, was schließlich zur Steigerung von Konzentration und Gedächtnisleistung beiträgt. Vielleicht fällen Sie Ihre nächsten Trading-Entscheidungen auf dem Fahrrad-Ergometer?

Bei Stresszuständen, Angstgefühlen, Depressionen oder Zorn wird der Rhythmus des Pulses ungleichmäßig und chaotisch. Das antreibende sympathische Nervensystem dominiert dabei über das bremsende parasympathische. Wohlbefinden, Mitgefühl und Dankbarkeit führen dagegen zu gleichmäßigem Puls (Kohärenz), wobei beide Teile des vegetativen Nervensystems im Gleichgewicht stehen.

Gerade für Trader ist es wichtig, in einem Zustand von Kohärenz Entscheidungen zu fällen. Dazu wurde eine Studie mit 19 Tradern (18 Männer, eine Frau im Alter von 21 bis 45 Jahren) durchgeführt. Die neun privaten und zehn Berufstrader zeigten nach sechs Wochen regelmäßiger Anwendung der Herzintelligenz-Methode in allen Bereichen bessere Werte, z. B. auch für Angst, Entscheidungsfreude und mentale Klarheit (Ward 2008).

Mindmachines: Das Gehirn entspannen, das Leben in Balance bringen, das versprechen Mindmachines (engl. = Geist-, Phantasie-, Seelen-Maschine). Dabei handelt es sich um kleine Computer, die so programmiert sind, dass sie visuelle Muster und akustische Signale in stimulierenden Frequenzen produzieren (z. B. www.brainlight.de, www.mylaxman.de). Die Übertragung erfolgt durch Kopfhörer und Brille. Durch Interferenzmuster entstehen kaleidoskopartige Strukturen in vielen verschiedenen Farben. Diese Strukturen sind nach neurophysiologischen Gesichtspunkten programmiert. Die Mindmachine gibt also Frequenzen vor, denen sich das Gehirn anpasst. Durch regelmäßige Wiederholung von bestimmten Programmen können Sie z. B. Ihre Konzentrationsfähigkeit langfristig steigern, Ihr Gedächtnis trainieren oder Ihre emotionale Stabilität fördern. Das Gehirntraining kann mit der Erhöhung von Ausdauer oder dem Aufbau von Muskeln durch regelmäßigen Sport verglichen werden. Die elektrische Aktivität des Gehirns lässt sich mit einem EEG (Elektroenzephalogramm = Messung der summierten elektrischen Aktivität des Gehirns durch Aufzeichnung der Spannungsschwankungen an der Kopfoberfläche) messen.

In einem dreimonatigen Test konnte ich mich von der positiven Wirkung von Mindmachines überzeugen. Regelmäßige Anwendungen »erfrischen« das Gehirn und führen zu tiefster Entspannung in immer kürzeren Zeitabständen. Trader profitieren besonders vom beruhigenden und stabilisierenden Einfluss auf das emotionale Gehirn.

8.2 Der Bauch, das zweite Gehirn

Disziplin ist eine der Grundlagen erfolgreichen Tradings. Doch immer wieder berichten Trader von ihrem Bauchgefühl, auf das in der Regel Verlass ist. Was ist damit gemeint? Die über 100 Millionen Nervenzellen, die den Verdauungstrakt umgeben, sind in Bezug auf Zelltypen, Wirkstoffe und Rezeptoren mit denen des Gehirns vergleichbar. Der Bauch sendet wahrscheinlich weit mehr Signale zum Gehirn als umgekehrt. Das ist auch verstädlich, da er entwicklungsgeschichtlich älter ist als das Gehirn. Der Bauch, das zweite Gehirn?

Der Bauch fühlt, denkt und führt zu intuitiven Entscheidungen – und das völlig unabhängig vom Großhirn (Gigerenzer 2007). 95 Prozent des Serotonins, das die Gemütslage beeinflusst, wird im Darm hergestellt und gelagert (wie auch über 40 weitere Botenstoffe). Das Bauchgefühl wird z. B. durch schlechten Stoffwechsel, unterdrückte Emotionen, organische oder statische (Hohlkreuz) Auffälligkeiten (z. B. Leberbelastung bei Stress) und zuviel Kompression beim Sitzen gestört. Ihr Bauch muss sich in einem intakten Raum befinden, damit Sie sich auf Ihr Bauchgefühl verlassen können. Voraussetzungen und mögliche unterstützende Maßnahmen für einen intakten Bauchraum finden Sie in Tabelle 17 dargestellt.

Voraussetzungen	Therapievorschläge
kräftige Bauchmuskeln	Pilates, Yoga
ausgeglichener Beckenbodenmuskel	Gymnastik, Feldenkrais
entspannte und tragfähige Rückenmuskulatur	Wirbelsäulengymnastik, Schwimmen, Yoga
gut funktionierendes Zwerchfell	Ausdauersportarten, z. B. Radfahren, Laufen, Atemübungen, Yoga

Tab. 17: Voraussetzungen für einen intakten Bauchraum und mögliche Therapien zur Stärkung des Bauchgefühls

Die meisten Menschen können sich im »normalen« Leben auf ihr Bauchgefühl verlassen. Wenn Bauchentscheidungen allerdings Grundlage Ihres Trading-Verhaltens sind, verlieren Sie langfristig Ihr Kapital. Trading verlangt in erster Linie nach einer Strategie. Der erfahrene Trader kennt unterschiedliche Märkte und weiß auf verschiedene Situationen angemessen zu reagieren. Bauchgefühl ist bei der Auswahl einer geeigneten Strategie gefragt, um diese Märkte profitabel zu traden. Insofern hat Trading eine Bauchgefühl-Komponente.

9 Der erfolgreiche Trader

Wie viele erfolgreiche Trader kennen Sie? Einen, zwei oder drei? Wenige haben langfristigen Börsenerfolg. Woher kommt das? Was zeichnet erfolgreiche Trader aus? Menschen, die sich ganzheitlich entwickeln, haben Vorteile an der Börse. Langfristiger Erfolg verlangt mehr als die Anwendung einer Strategie. Die Aufgabe besteht darin, dass Sie verstehen, wie Sie »ticken«. Werfen Sie dazu einen Blick in den Spiegel (Abb. 21).

Abb. 21: Der Trader vor dem Spiegel

Wen sehen Sie? Was sehen Sie? Und vor allem: Was übersehen Sie? Viele antworten: »Das bin ich!« Das stimmt nicht ganz, denn das, was Sie sehen, ist lediglich das Bild, das Sie von sich haben.

Lernen Sie von erfolgreichen Menschen, denn Erfolg ist ansteckend. Begegnen Sie Menschen, die sich für ganzheitliche Entwicklung entschieden haben, das könnte Sie bereichern. Erfolg hat Methode (www.methode.de).

9.1 Ziel und Motivation

Trading ist Arbeit für Körper, Geist und Seele und das mit Abstand konkurrenzbetonteste Spiel der Welt. **Welche Ziele verfolgen Sie mit Ihren finanziellen Entscheidungen?** Das vordergründige Ziel sollte Ihr finanzielles Überleben sein, da Ihr Kapital ein wichtiger Teil Ihrer Lebensenergie ist. Sie sollten angemessene Trading- oder Anlageziele bestimmen, die Sie mit den von Ihnen bevorzugten Märkten und Anlageprodukten verwirklichen können. Verinnerlichen Sie, dass Sie auch das Recht haben, Ihre Ziele zu ändern, wenn sich die Märkte anders entwickeln, als Sie erwartet haben. Die Märkte bewegen sich fließend. Sie sollten Ihre Einstellung und Ziele regelmäßig prüfen und anpassen.

Was motiviert Sie zu traden? Damit sind nicht Kapitalerhalt oder -vermehrung gemeint. Die Trading-Performance ist zweifelsohne wichtig, doch der Grund, warum Sie traden, hat einen noch höheren Stellenwert. Überlegen Sie, was Sie mit dem Geld anfangen, das Sie gewinnen. Vielleicht traden Sie erfolgreicher, wenn Sie Ihre Wünsche klar formulieren.

9.2 Voraussetzungen

Trader und Anleger sollten über ein bestimmtes Basiswissen verfügen und Vorbereitungen treffen, damit sie sich in den Märkten zurechtfinden. Im Kapitel 4 haben Sie gelernt, wie Sie innerhalb von wenigen Minuten die für Sie wichtigen Finanzinformationen aus dem Überangebot filtern. Sie sollten auch über Basiswissen in Finanzpsychologie und Wahrscheinlichkeitsrechnung verfügen und eine auf Ihre Persönlichkeit abgestimmte Trading-Strategie entwickeln (Tab. 18).

Zeit- und Informationsverarbeitungs-Management	rational, erlernbar
Finanzpsychologie	erlernbar
Wahrscheinlichkeitsrechnung	rational, erlernbar
Trading-Strategie, auf die Persönlichkeit abgestimmt	rational, erlernbar

Tab. 18: Voraussetzungen und Basiswissen für Trader: Zeit- und Informationsverarbeitungs-Management, Finanzpsychologie, Wahrscheinlichkeitsrechnung und eine auf die Persönlichkeit abgestimmte Trading-Strategie

Trading-Strategien: Finden Sie die Märkte, die am besten zu Ihnen passen. Entwickeln Sie eine auf Ihre Persönlichkeit abgestimmte Strategie, die es für jede Marktsituation gibt (Tab. 19).

	Trader		**Anleger**
Strategie z. B.	Überbewertungen/ Unterbewertungen Turnaround-Aktien	Trend-Trading Growth-Investing	Dividendenstrategie Value-Investing
Anlagehorizont	kurz- bis mittelfristig	mittel- bis langfristig	langfristig
Emotionale Herausforderung	groß	mittel	klein

Tab. 19: Beispiele für Trading-Strategien mit unterschiedlichem Anlagehorizont und unterschiedlicher emotionaler Herausforderung

Trader, die Märkte an Tiefpunkten kaufen oder an Hochpunkten verkaufen, sollten eine emotionale Stärke besitzen und lernen, eine höhere Volatilität auszuhalten, als beim Trend-Trading erforderlich ist. Die Herausforderung besteht darin, Über- oder Unterbewertungen zu erkennen, bevor sie auch für die anderen Marktteilnehmer wahrnehmbar sind.

Trader können auch kaufen oder verkaufen, was sich im Markt bereits abzeichnet. (»What you see is what you get.«) Trend-Trading ist einfacher als das Traden von Turnaround-Aktien oder Über- und Unterbewertungen, denn Sie traden eine bereits sichtbare Entwicklung. Die emotionale Herausforderung ist daher geringer.

Anleger finden ihre Börsenfavoriten durch einfache Berechnungen von Unternehmenskennzahlen. Finanzpsychologie spielt dabei eine untergeordnete Rolle. Ihre Kauf- oder Verkaufsentscheidungen haben ausschließlich rationale Gründe.

Das Erkennen und Auflösen von **Dispositionseffekt**, **Selbstüberschätzung** und **Verlustaversion** spielen neben einer auf Ihre Persönlichkeit abgestimmten Trading-Strategie eine Rolle (Tab. 20).

Dispositionseffekt	rational, auflösbar
Selbstüberschätzung	rational, auflösbar
Verlustversion	emotional, auflösbar

Tab. 20: Der Erfolg eines Traders ist abhängig vom Dispositionseffekt, Selbstüberschätzung und Verlustaversion

Ihren persönlichen Dispositionseffekt können Sie selbstständig abbauen. Traden Sie regelmäßig kleine Volumina und finden Sie eine angemessene Stoppkurs-Strategie. So lernen Sie, Verluste zu realisieren, und auch, dass Verluste zum Alltag eines Traders dazugehören. Verlustaversion könnte allerdings auch emotional bedingt sein. Dann sollten Sie z. B. mit einem Persönlichkeitstrainer die Gründe aufspüren, die Ihre Performance beeinträchtigen.

Sie sollten auch Ihre Selbsteinschätzung überdenken, denn der Übergang zwischen gesundem Selbstvertrauen und Selbstüberschätzung ist fließend.

Performance-Check: Überprüfen Sie regelmäßig Ihre Strategie, Ihre Anlagen und deren Performance. Das kann je nach Anlage und Entwicklung der Märkte wöchentlich, monatlich oder in noch größeren Zeitabständen erfolgen. Vergleichen Sie das Ergebnis immer mit den von Ihnen gesetzten Zielen und, wenn möglich, auch mit einer Benchmark.

9.3 Entspannungsmanagement

Entspannung wird oft gleichbedeutend mit den Begriffen Stressabbau oder Stressmanagement verwendet. Dabei ist Entspannung vielmehr als Basis für ein erfolgreiches und gesundes Leben zu verstehen. Verschiedene Möglichkeiten bieten sich an, Entspannung auf Körper-, Geist- und Seelenebene zu unterstützen (Tab. 21).

Spannungszustände sind im Körper seltener zu beobachten, wenn Ihre Grundversorgung (ausreichend Wasser, gesunde Nahrung, Sauerstoff, Sonnenlicht, Bewegung) gewährleistet ist. Der Geist des Traders ist per-

Körper	Geist	Seele
ausreichend Wasser trinken	wertfrei denken	Musik
gesunde Nahrung	klar denken	Kunst
ausreichend Sauerstoff, Sonnenlicht und Bewegung	Mindmachines	La-Stone-Therapie
Entschlackung, z.B. basische Bäder	Meditation	Cranio-Sacral-Therapie
		Klang-Massage-Therapie
← Persönlichkeitstraining →		

Tab. 21: Möglichkeiten, die zur Entspannung von Körper, Geist und Seele beitragen

manent gefordert. Trading fordert sekundenschnelle Informationsverarbeitung und angemessene Reaktionen. Dabei könnte Sie das Erlernen einer Meditationstechnik weiterbringen. Die Entwicklung des Geistes verlangt nach Klarheit und Wertfreiheit. Die Seele wird z.B. durch Musik bereichert. Besonders tiefe Entspannung habe ich durch 🖱 Cranio-Sacral- und 🖱 La-Stone-Therapie erfahren.

9.4 Persönlichkeitsmanagement

»Wie sieht es mit Ihrem Management aus?« Die meisten Trader denken dabei an **Risiko-** und **Money-Management**. Diese sind Teile Ihrer Trading-Strategie, ich meine allerdings Ihr **Persönlichkeitsmanagement**. Unabhängig von Ihrer Trading-Strategie ist die Umsetzung abhängig von Ihrem persönlichen Zustand (körperlich, geistig und seelisch), der sich in der Regel auch in Ihrer Trading-Performance widerspiegelt. Die Fähigkeit, regelmäßig Zugang zu einem performancefördernden Zustand zu haben, ist der Schlüssel zu Ihrem Erfolg.

9.4.1 Rationale Zustandsanalyse

Welche Rolle spielt rationales Verhalten an der Börse? Die gängige Meinung ist, dass Börse von emotionalem Verhalten beherrscht wird: »Gier treibt zu Käufen, Angst zu Verkäufen.« **Was denken Sie über die Börse?** Die Überzeugung »Börse ist keine Einbahnstraße« stimmt sicherlich, doch kann eine ausgeprägte Hausse oder Baisse auch mehrere Jahre dauern. Rationalität ist wichtiger, als Sie vielleicht annehmen, denn neben Ihren Emotionen sind es gerade Ihre Gedanken, von denen Sie gesteuert werden. Sind Sie sich Ihrer Glaubenssätze bewusst? **Was denken Sie über sich und über Geld?** Die Überzeugung »Geld stinkt« oder »Wer Geld hat, hat keine Freunde« wird nicht zur Steigerung Ihrer Performance beitragen.

Marktteilnehmer denken, dass sie die Märkte verstehen. Marktbewegungen können Sie aber nicht verstehen, da sie nicht vorhersehbar sind. Die Märkte sind rational nicht erfassbar. Die Herausforderung besteht darin, nicht zu denken, sondern der aktuellen Marktsituation Rechnung zu tragen.

Finden Sie heraus, was Sie über die Börse, die Märkte, Trading und Geldanlage denken. Prüfen Sie Ihre Erwartungen, Meinungen und Glaubenssätze. Erkennen Sie Ihre Muster und lösen Sie die realitätsfernen auf. Fördern Sie klare Gedanken und wertfreies Denken (Tab. 22).

Rationale Zustandsanalyse	
Erkennen, Auflösen von Mustern	> Numerologie > Gesprächstherapie
rationales Verhalten stärken	> Mentaltraining
Training von rationalem Verhalten	> wertfrei denken > klar denken > BrainGym > Lernen mit Lernpuls > Mindmachines

Tab. 22: Rationaler Zustand des Traders: Erkennen, Auflösen von Mustern, Stärkung und Training von rationalem Verhalten

Das aus der 📖 Numerologie gewonnene Wissen um Ihre Stärken und Schwächen könnte zu einer realistischen Einschätzung Ihrer Person führen.

Trader im Spiegel von Namen und Geburtszahlen: Wenn Sie Ihre »Stärken stärken« oder ein Bewusstsein für Ihre Schwächen entwickeln, können Sie Ihren Börsenerfolg steigern. Namen und Geburtszahlen verraten mehr über Sie, als Sie vielleicht denken. Numerologie könnte ein Schlüssel zum Erfolg sein. Die Kombination aus Vorname, Nachname und Geburtsdatum zeigt Ihre Lebensaufgaben an.

Das Geburtsdatum verrät z. B. etwas über den Grad Ihrer Emotionalität. Daher könnte es sein, dass Sie die Emotionen an der Börse intensiver empfinden, wenn Sie eine 3, 6 und 9 im Geburtsdatum haben. Das Umsetzen einer Strategie könnte Ihnen bei Vorhandensein einer 1, 5 und 9 (Ebene der Entschlossenheit) leichter fallen, wenn Sie nicht ständig in Ihren Gedankengängen gefangen sind (1, 2 und 3, die Ebene der Gedanken; Jacobi 2003).

Die Interpretation von Geburtsdatum und -zeit könnte Aufschluss geben, ob es bei Ihnen wichtiger ist, das Bauchgefühl oder Ihr strategisches Vorgehen zu stärken. Der richtige »Riecher« in Börsenangelegenheiten könnte mit den Zahlen 20 oder 11 im Geburtsdatum verbunden sein, die auf Intuition verweisen (Adrienne 1994, Fischer 1999).

Die Anfangsbuchstaben von Vor- und Nachnamen liefern weitere interessante Zugänge (Szabó, Szabó 2000). Die Kombination z. B. Vorname mit K und Nachname mit K bedeutet: »Wer **k**ann, der **k**ann.« Damit haben Sie es in der Regel mit einem Könner zu tun (z. B. Klaus Kaldemorgen, DWS).

Beobachten Sie das Geschehen an der Börse? Vielleicht haben Sie bemerkt, dass es Tage gibt, die von hoher Volatilität gekennzeichnet sind? Vielleicht spielt die Quersumme der Tageszahl dabei eine Rolle? Fragen Sie einen erfahrenen Numerologen.

9.4.2 Emotionale Zustandsanalyse

Die Entscheidung, zu traden, ist von größerer Reichweite, denn Trading konfrontiert Sie immer auch mit nicht verarbeiteten Emotionen. Trading fordert Sie emotional heraus, unterstützt letztlich auch Ihre emotionale Entwicklung. Die meisten Trading-Entscheidungen werden bewusst gefällt. Schwierig sind die Situationen, in denen Sie Entscheidungen fällen, die z. B. auf nicht bewusste Muster und nicht verarbeitete Ängste oder frühkindliche Erfahrungen zurückzuführen sind. Vernachlässigen

Sie Ihr Stoppkurs-Management aus Angst vor Verlusten? Lösen Sie Positionen auf, weil Sie eine hohe Volatilität nicht aushalten?

Entscheidungsverhalten wird auch durch die Stärke von Feldern beeinflusst.

Inwieweit Sie diese Wirkung spüren, hängt von Ihrer Persönlichkeit ab. Wenn Sie gelernt haben sich abzugrenzen, werden Sie weniger anfällig für emotionale Entscheidungen, Herden- oder Suchtverhalten sein. Haben Sie Ihre emotionalen Muster erkannt und aufgelöst? Wenn Sie aus irgendwelchen Gründen Ihre Trading-Strategie nicht einhalten oder immer wieder Entscheidungen fällen, die Ihre Rendite nachhaltig schmälern, dann könnte Ihnen die Arbeit mit einem Persönlichkeitstrainer weiterhelfen. Ihr Ziel sollte emotionale Freiheit heißen.

Emotionale Zustandsanalyse	

Erkennen, Auflösen von Mustern	> Systemaufstellungen
	> Arbeit mit inneren Bildern,
	  z.B. »Wachtraumarbeit«
	> Zeitreisen,
	  z.B. Reinkarnationstherapie
	> EMDR-Methode
	> Osteopathie

Stärkung des emotionalen Gehirns	> Akupunktur > Ernährung
Training	> Herzintelligenz-Methode > Mindmachines

Tab. 23: Emotionaler Zustand des Traders: Erkennen und Auflösen von Mustern, Stärkung und Training des emotionalen Gehirns

In der Tabelle 23 finden Sie verschiedene Methoden, die beim Auflösen von Mustern hilfreich sein können. Ich habe z.B. positive Erfahrungen mit Systemaufstellungen und Reinkarnationstherapie gemacht.

Systemaufstellung: Machen Sie mehr Verluste als Gewinne an der Börse? Wenn das so ist, könnte Ihnen eine Systemaufstellung weiterhelfen. Diese Arbeit zeichnet sich dadurch aus, dass sie Energiefelder sichtbar macht (Weber et al. 2005). So könnten Sie z. B. die Frage klären: »Wie stehen Gewinn und Verlust zu mir?«

Der Leiter der Aufstellung erkennt und klärt, warum der Verlust zwischen Ihnen und dem Gewinn steht (Abb. 22). Das könnte ein Baustein zum erfolgreichen Trading sein.

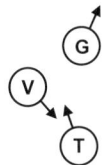

Abb. 22: Systemaufstellung zur Frage: »Wie stehen Gewinn und Verlust zu mir?«; T = Trader, G = Gewinn, V = Verlust, die Pfeile zeigen die Blickrichtung an. Der Trader blickt auf den Gewinn, der Gewinn jedoch hat sich vom Trader abgewendet. Zusätzlich steht der Verlust zwischen ihm und dem Gewinn.

Systemaufstellungen sind aus meiner Erfahrung eine hervorragende Methode, um die Hintergründe für Ihr Verhalten an der Börse sichtbar zu machen.

Reinkarnationstherapie: Was mir geholfen hat, meinen Börsenerfolg zu steigern, ist die Beschäftigung mit dem Thema Karma. Karma folgt einem einfachen Gesetz: »Alles, was ich tue, denke und sage, hat seine Wirkung.«

Wenn Sie aufgrund einer karmischen Belastung aus diesem oder einem früheren Leben das Thema Schuld mit sich tragen, sich dessen aber nicht bewusst sind, dann könnten Sie unbewusst für einen Ausgleich sorgen. Dieser Ausgleich könnte darin bestehen, dass Sie beim Trading Verluste erleiden und damit einem anderen Trader Gewinne ermöglichen (z.B. beim Futures-Trading). Vielleicht empfinden Sie Ihren finanziellen Verlust sogar als Entlastung (ent-»schuldet« und ent-»schuldigt«). Reinkarnation wurde übrigens unlängst bewiesen (Stevenson 1999).

9.5 Persönlichkeitstraining

Börsenerfolg ist der Spiegel Ihrer persönlichen Entwicklung. Sollten Sie erfolglos sein, können Sie sich z. B. an einen Persönlichkeitstrainer wenden, der über die entsprechende Erfahrung mit einer rationalen und emotionalen **Zustandsanalyse** verfügt und sich im **Auflösen von Mustern** auskennt (z. B. www.erfolgreich-traden.com). Persönlichkeitstrainer sollten natürlich auch über die Märkte Bescheid wissen und mit den Strategien von Trading und Geldanlage vertraut sein.

Die Anwendung von Finanzpsychologie ist gefragt, damit Sie Ihre bisherigen Trading-Ansätze überwinden können. Veränderungen allerdings sind schwierig, weil Sie sich vielleicht mit unangenehmen Gedanken auseinandersetzen müssen oder schmerzhafte Emotionen Sie belasten. Das sind die Gründe, warum wenige Trader aus ihren Fehlern lernen. Ihre gegenwärtige Strategie spiegelt die Summe Ihrer Lebenserfahrungen wider und ist vor diesem Hintergrund Ihr bester Ansatz. Börsenerfolg stellt sich oftmals erst dann ein, wenn Sie Ihre Erwartungen, Meinungen und Glaubenssätze ändern und emotionale Muster auflösen.

Meine Erfahrungen mit Tradern und Anlegern zeigen, dass das Gehirn die Performance bestimmt. Sie können noch so viele Bücher lesen oder Börsenseminare besuchen, langfristiger Börsenerfolg wird sich erst einstellen, wenn Sie beginnen, sich zu öffnen und ganzheitlich zu entwickeln.

Ganzheitliche Entwicklung könnte Sie zu einem bewussten Leben, Lernen und Wachsen führen. Nehmen Sie sich und die Herausforderungen Ihres Lebens an? Wissen Sie um Ihre Stärken und Schwächen? Wie stehen Sie zu Veränderungen? Das Bedürfnis nach Konsonanz ist eine Fallgrube, die zum Festhalten an Bestehendem verleitet. Leben wird allerdings durch **Dissonanz** bereichert. Der Wunsch nach »Friede, Freude, Eierkuchen« wird Sie weiter von sich entfernen, als Sie annehmen. Im »normalen« Leben kommen Sie vielleicht mit einer Vogel-Strauß-Taktik (»Den Kopf in den Sand stecken«) voran, an der Börse bestimmt nicht. Trader sollten leistungsfähig und gesund sein. Der Geist sollte Klarheit, Begeisterung, Leichtigkeit und Ausgeglichenheit vermitteln, die Seele zufrieden und glücklich sein.

Ganzheitliche Entwicklung ist auch messbar. Sie sind auf einem guten Weg, wenn die körperlichen Anzeiger wie Puls, Blutdruck, Hormonspiegel, Atmung und Gewicht beim Traden ausgeglichen bleiben. Gier, Angst und Panik sollten dann keine Rolle spielen.

Übernehmen Sie **Verantwortung** für Ihre gesamte Energie. Damit sind vor allem Ihr Kapital, Ihr Wissen, Ihre Fähigkeiten und Ihre Zeit gemeint. Lernen Sie, wertfrei zu leben, und hören Sie auf, Ihre Situation mit der von anderen zu vergleichen. Wertfreies Leben schließt auch wertfreies Denken über sich und andere Menschen ein. Leben Sie in einem Gleichgewicht von Geben und Nehmen. Lernen Sie auch zu vergeben. Viele Menschen haben gelernt, anderen zu vergeben, dabei ist es viel schwieriger, sich selbst zu vergeben (Tipping 2006). Trading konfrontiert Sie mit Ihren Emotionen und zwingt Sie, Verantwortung zu übernehmen. Schuldzuweisungen haben keinen Platz im Trader-Leben.

Trading ist erlernbar: Sie wissen, dass die Herausforderungen beim Trading in der Selbstüberschätzung, der Informationsverarbeitung, dem Entscheidungsverhalten, der Strategie, dem Dispositionseffekt und dem Umgang mit Verlusten liegen. Lernen Sie, kontrolliert zu verlieren (Stoppkurs-Management). Setzen Sie sich Ziele, die Sie mit den von Ihnen bevorzugten Märkten und Anlageprodukten verwirklichen können. Traden Sie geduldig kleine Volumina. Lernen Sie aus Gewinn- und Verlust-Trades. Passen Sie Ihre Strategie regelmäßig an. Nutzen Sie das Wissen von Technischer Analyse und Sentimentanalyse.

Börsenerfolg ist der Spiegel Ihrer Persönlichkeitsentwicklung.

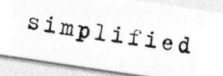

10 Verzeichnisse

10.1 Abkürzungen

ATR	Average True Range
BRIC	Brasilien, Russland, Indien, China
BSV-Modell	Barberis-Shleifer-Vishny-Modell
CAPM	Capital Asset Pricing Model
CBoT	Chicago Board of Trade
CEFS	Center for Entrepreneurial and Financial Studies
CEO	Chief Executive Officer, Geschäftsführer
CES	Center for Economic Studies
CFD	Contracts For Difference
CFO	Chief Financial Officer, kaufmännischer Geschäftsführer
CIT-Daten	Commodity Index Traders-Daten
CoT-Daten	Commitment of Traders-Daten
CRV	Chance-/Risiko-Verhältnis
DAX	Deutscher Aktienindex
DHS-Modell	Daniel-Hirshleifer-Subrahmanyam-Modell
DWS	Deutsche Gesellschaft für Wertpapiersparen
EEG	Elektroenzephalogramm
EMDR	Eye Movement Desensitization and Reprocessing
EMH	Effizienzmarkt-Hypothese
eZT	emotionaler Zustand des Traders
fMRI	functional Magnetic Resonance Imaging
G-Mind	German Market Indicator
HV	Herdenverhalten
IBES	Institutional Brokers' Estimate System
IPO	Initial Public Offering
KBV	Kurs zu Buchwert-Verhältnis
KGV	Kurs zu Gewinn-Verhältnis
KUV	Kurs zu Umsatz-Verhältnis
MSCI	Morgan Stanley Capital International

NYSE	New York Stock Exchange
PET	Positronenemissionstomographie
PF	Profitfaktor
S&P	Standard & Poor's 500 Aktienindex
SMI	Swiss Market Index
SZ	Stückzahl
TecDAX	Deutscher Aktienindex der Technologiewerte
TSE	Taiwan Stock Exchange
TV	Fernsehen
WGZ Bank	Westdeutsche Genossenschafts-Zentralbank
ZEW	Zentrum für Europäische Wirtschaftsforschung
ZK	Kontraktzahl

10.2 Literatur

Wer sich für Behavioral Finance interessiert, der kann auf eine immer größere Zahl von Büchern zurückgreifen wie z. B. »Psychologie für Börsenprofis: Die Macht der Gefühle bei der Geldanlage« (Jünemann, Schellenhammer 2000), »Behavioral Finance: Gewinnen mit Kompetenz« (Goldberg, von Nitzsch 2004) und »Entscheidungs- und Anlageverhalten von Privatinvestoren: Psychologische Aspekte« (Kottke 2005).

Behavioral-Finance-Forschung liegt seit einigen Jahren im Trend. **Martin Weber** (medici.bwl.uni-mannheim.de, Universität Mannheim) ist einer der Spezialisten im deutschsprachigen Raum, ein weiterer ist **Thorsten Hens** (Universität Zürich, www.isb.uzh.ch/institut). Verständliche Forschung liefern die Paperreihe der Mannheimer Behavioral-Finance-Group (www.behavioral-finance.de) und die Beiträge in der Zeitschrift für Betriebswirtschaft (www.zfb-online.de).

In den Vereinigten Staaten haben z. B. **Brad M. Barber** (faculty.gsm. ucdavis.edu/~bmbarber) und **Terrance Odean** (faculty.haas.berkeley. edu/odean) zahlreiche wissenschaftliche Untersuchungen publiziert. Das Journal of Behavioral Finance (www.psychologyandmarkets.org) ist eine peer-reviewed (engl. = durch Fachleute geprüfte) Zeitschrift, die

Forschungsergebnisse wiedergibt. 925 000 Publikationen (Arbeitspapiere [engl. = working papers], Artikel und Buchkapitel) stellt die University of Connecticut, Department of Economics, für den Bereich Economics kostenfrei zur Verfügung (ideas.repec.org). 800 000 davon können als volle Textversion geladen werden. Darüber hinaus geben umfangreiche englischsprachige Internetseiten (z. B. www.behaviouralfinance.net, www.behavioralfinance.de) einen Überblick zur Geschichte und den wichtigsten Begriffen der Behavioral Finance.

Lesen Sie auch die englischsprachige Originalliteratur, Klassiker der verhaltensorientierten Wirtschaftsforschung, z. B. »When Prophecy fails« (engl. = Wenn die Prophezeiung versagt, Festinger et al. 1956). Pompians (2006) »Behavioral Finance and Wealth Management« beantwortet, wie Sie bestmögliche Portfolios anlegen. Märkte sind unwirtschaftlich (Shleifer 2000) und die Emotionen Gier und Angst nehmen einen besonderen Platz ein (Shefrin 2007). Empfehlenswert sind auch »The Winner's Curse: Paradoxes and Anomalies of Economic Life« (Thaler 1994) und »Choices, Values and Frames« von Kahneman und Tversky (2000). Die »Advances in Behavioral Finance« (Thaler 1993, 2005) und »Advances in Behavioral Economics« (Camerer et al. 2003) geben Ihnen einen Überblick anhand ausgewählter wissenschaftlicher Publikationen.

Adrienne C (1994) Numerologie für Eltern: Das Geheimnis der Geburtszahlen im Lebensplan, Heyne Verlag 9773

Banz R (1981) The relationship between return and market value of common stock. *Journal of Financial Economics* 9, 3-18

Barber BM, Heath C, Odean T (2003) Good reason sell: Reason-based choice among group and individual investors in the stock market. *Management Science* 49, 1636-1652

Barber BM, Lee Y-T, Liu Y-J, Odean T (2005a) Do individual day traders make money? Evidence from Taiwan. *Working paper*, papers.ssrn.com

Barber BM, Lee Y-T, Liu Y-J, Odean T (2007) Is the aggregate investor reluctant to realise losses? Evidence from Taiwan. *European Financial Management* 13, 423-447

Barber BM, Lee Y-T, Liu Y-J, Odean T (2009a) Just how much do individual investors lose by trading? *Review of Financial Studies 22, 609-632*

Barber BM, Odean T (1999) The courage of misguided convictions: The trading behavior of individual investors. *Financial Analyst Journal* 55, 41-55

Barber BM, Odean T (2000a) Too many cooks spoil the profits: Investment club performance. *Financial Analyst Journal* 56, 17-25

Barber BM, Odean T (2000b) Trading is hazardous to your wealth: The common stock investment performance of individual investors. *The Journal of Finance* 55, 773-806

Barber BM, Odean T (2001) Boys will be boys: Gender, overconfidence, and common stock investment. *Quarterly Journal of Economics* 116, 261-292

Barber BM, Odean T (2008) All that glitters: The effect of attention and news on the buying behavior of individual and institutional investors. *The Review of Financial Studies* 21, 785-818

Barber BM, Odean T, Strahilevitz M (2004) Once burned, twice shy: Naive learning, counterfactuals, and the repurchase of stocks previously sold. *Working paper*, papers.ssrn.com

Barber BM, Odean T, Zheng L (2005b) Out of sight, out of mind: The effects of expenses on mutual fund flows. *Journal of Business* 78, 2095-2120

Barber BM, Odean T, Zhu N (2009b) Systematic noise. *Journal of Financial Markets 12, 547-569*

Barberis N, Shleifer A, Vishny R (1998) A model of investor sentiment. *Journal of Financial Economics* 49, 307-343

Beckmann D, Menkhoff L (2008) Will women be women? Analyzing the gender difference among financial experts. *Working paper*, ideas.repec.org

Bondt WFM de, Thaler R (1985) Does the stock market overreact? *The Journal of Finance* 40, 793-805

Bouman S, Jacobsen B (2002): The Halloween indicator, »Sell in May and go away«: Another Puzzle. *American Economic Review* 92, 1618-1635.

Brennan MJ, Cao HH (1996) Information, trade, and derivative securities. *Review of Financial Studies* 9, 163-208

Camerer CF, Loewenstein G, Rabin M (eds) (2003) Advances in Behavioral Economics, Princeton University Press

Cooper J (2000) Hit and Run Strategien: Präzises Timing für Day Trader und Kurzfrist-Anleger. FinanzBuch Verlag, 3. Aufl.

Cooper MJ, Dimitrov O, Rau PR (2001) A rose.com by any other name. *The Journal of Finance* 56, 2371-2388

Daniel K, Hirshleifer D, Subrahmanyam A (1998) Investor psychology and security market under- and overreactions. *The Journal of Finance* 53, 1839-1885

Dennison GE, Dennison PE, Teplitz JV (2004) Brain-Gym fürs Büro, VAK Verlag, 4. Aufl.

Dhar R, Zhu N (2006) Up Close and Personal: Investor Sophistication and the Disposition Effect. *Management Science* 52, 726-740

Drehmann M, Oechssler J, Roider A (2005) Herding and Contrarian Behavior in Financial Markets: An Internet Experiment. *American Economic Review* 95, 1403-1426

Fama EF, French KR (1998) Value versus growth: The international evidence. *The Journal of Finance* 53, 1975-1999

Festinger L (1957) Die Theorie der kognitiven Dissonanz (Hrsg: Irle M, Möntmann V), Hans Huber Verlag

Festinger L, Riecken HW, Schachter H (1956) When Prophecy Fails, University of Minnesota Press, Minneapolis

Fischer A (1999) Numerologie 2000: Die zukunftsorientierte Erkenntnismethode der Zahlensymbolik für das 21. Jahrhundert, Dr. Mark Fischer Verlag

Fliessbach K, Weber B, Trautner P, Dohmen T, Sunde U, Elger CE, Falk A (2007) Social comparison affects reward-related brain activity in the human ventral striatum. *Science* 318, 1305-1308

Franzen A, Pointner S (2007) Fairness und Reziprozität im Diktatorspiel. In: Rehbein K-S (Hrsg.) Die Natur der Gesellschaft. Verhandlungen des 33. Kongresses der Deutschen Gesellschaft für Soziologie in Kassel 2006

Fröhlich S (2003) Der Fröhlich Faktor – Gütesiegel für Handelssysteme. *Traders' Magazin* 10, 56-60

Fröhlich S (2008) Höhere Profite durch bessere Stopps. *Traders' Magazin* 2, 60-63

Gehring WJ, Willoughby AR (2002) The medial frontal cortex and the rapid processing of monetary gains and losses. *Science* 295, 2279-2282

Gigerenzer G (2007) Bauchentscheidungen: Die Intelligenz des Unbewussten und die Macht der Intuition, C. Bertelsmann Verlag

Goldberg J, Nitzsch R von (2004) Behavioral Finance: Gewinnen mit Kompetenz, Finanz-Buch Verlag, 4. Aufl.

Guiso L, Jappelli T (2006) Information acquisition and portfolio performance. *Working paper*, papers.ssrn.com

Gunther M (2005) Die Zürich-Axiome: Die wahren Gesetze der Geldanlage, FinanzBuch Verlag, 1. Aufl.

Gysler M, Kruse J, Schubert R (2002) Ambiguity and gender differences in financial decision making: An experimental examination of competence and confidence effects. *Working paper*, ideas.repec.org

Hafner R, Wallmeier M (2007) Volatility as an asset class: European evidence. *European Journal of Finance* 13, 621-644

Hajek S (2008) Kein Ruhmesblatt. *Wirtschaftwoche* 16, 144-145

Hong H, Stein JC (1999) A unified theory of underreaction, momentum trading, and overreaction in asset markets. *The Journal of Finance* 54, 2143-2184

Hüther G (2005) Biologie der Angst: Wie aus Stress Gefühle werden, Vandenhoeck & Rupprecht Verlag, 7. Aufl.

Jacobi E (2003) Das Praxisbuch Numerologie: Was die Geburtsdaten über die Persönlichkeit und den Lebensweg aussagen, Ludwig Verlag

Jaffe JF (1974) Special information and insider trading. *Journal of Business* 47, 410-428

Jegadeesh N, Titman S (1993) Returns to buying winners and selling losers: Implications for stock market efficiency. *Journal of Finance* 48, 65-91

Joerg P, Loderer J (2006) Swiss dentists and managers: Private investor profiles. *EFM Symposium Durham 2006*, www.efmaefm.org

Joerg-Perrin P (2007) Geschlechts- und ausbildungsspezifische Unterschiede im Investitionsverhalten, Berner Betriebswirtschaftliche Schriften, Band 39, Haupt Verlag

Jünemann B, Imbacher H (2007) Money Management: Die Formel für Ihren Börsenerfolg, FinanzBuch Verlag, 1. Aufl.

Jünemann B, Schellenhammer (2000) Psychologie für Börsenprofis: Die Macht der Gefühle bei der Geldanlage. Schäffer-Poeschel Verlag, 1. Aufl.

Kahneman D, Knetsch JL, Thaler R (1991) Anomalies: The endowment effect, loss aversion, and status quo bias. *The Journal of Economic Perspectives* 5, 193-206

Kahneman D, Tversky A (1979) Prospect theory: An analysis of decision under risk. *Econometrica* 47, 263-292

Kahneman D, Tversky A (2000) Choices, Values and Frames, Cambridge University Press

Kater U, Bahr H, Junius K, Scheuerle A, Widmann G (2006) Die 100 wichtigsten Konjunkturindikatoren -weltweit-, cometis Verlag

Keim DB (1983) Size-related anomalies and stock return seasonality: Further empirical evidence. *Journal of Financial Economics* 12, 13-32

Kenning P, Mohr P, Erk S, Walter H, Plassmann H (2006) The role of fear in home-biased decision making: first insights from neuroeconomics. *Working paper*, ideas.repec.org

Kerl AG, Walter A (2007) Market responses to buy recommendations issued by personal finance magazines: Effects of information, price-pressure, and company characteristics. *Review of Finance* 11, 117-141

Kiefer I, Zifko U (2006) brainfood: Fit im Kopf durch richtige Ernährung, Kneipp Verlag, 3. Aufl.

Kondratjew, ND (1926) Die langen Wellen der Konjunktur. *Archiv für Sozialwissenschaft und Sozialpolitik* 56, 573-609.

Kosfeld M, Heinrichs M, Zak PJ, Fischbacher U, Fehr E (2005) Oxytocin increases trust in humans. *Nature* 435, 673-676

Kottke N (2005) Entscheidungs- und Anlageverhalten von Privatinvestoren. Psychologische Aspekte der Wertpapieranlage. Deutscher Universitätsverlag, 1. Aufl.

Lakonishok J, Shleifer A, Vishny RW (1994) Contrarian investment, extrapolation, and risk. *The Journal of Finance* 49, 1541-1578

Lidén ER (2006) Stock recommendations in Swedish printed media: Leading or misleading? *The European Journal of Finance* 12, 731-748

Linnainmaa J (2003) The anatomy of day traders. *Working paper*, papers.ssrn.com

Loewenstein G, Thaler R (1989) Anomalies: Intertemporal choice. *Journal of Economic Perspectives* 3, 181-193

Lütje T (2004) Sichtweisen und Anlageverhalten des österreichischen Fondsmanagements. Wirtschaftswissenschaftliche Fakultät der Leibniz Universität Hannover, *Diskussionspapier* 310, 1-12

Mokoteli T, Taffler RJ (2005) Are analysts biased? An analysis of analyst's stock recommendations that perform contrary to expectations. *EFM Symposium Durham 2006*, www.efmaefm.org

Muermann A, Volkman JM (2007) Regret, pride, and the dispostion effect. *Working paper*, papers.ssrn.com

Murphy JJ (2004) Technische Analyse der Finanzmärkte, FinanzBuch Verlag, 3. Aufl.

Navarro P (2006) Wenn es in Brasilien regnet, investieren Sie in Starbucks-Aktien! Fundamentale Zusammenhänge der internationalen Märkte verstehen, FinanzBuch Verlag, 1. Aufl.

Odean T (1998a) Are investors reluctant to realize their losses? *The Journal of Finance* 53, 1775-1798

Odean T (1998b) Volume, volatility, price, and profit when all traders are above average. *The Journal of Finance* 53, 1887-1934

Odean T (1999) Do investors trade too much? *American Economic Review* 89, 1279-1298

Pensa P (2006) Nomen est omen: How company names influence short- and long-run stock market performance. *Working paper*, papers.ssrn.com

Peters EE (1994) Fractal Market Analysis: Applying chaos theory to investment and economics, Wiley Finance

Peters EE (1996) Chaos and Order in the Capital Markets: A new view of cycles, prices, and market volatility, Wiley Finance, 2. Aufl.

Pompian MM (2006) Behavioral Finance and Wealth Management: How to build optimal portfolios that account for investor biases, Wiley Finance

Prechter R, Frost AJ (2003) Das Elliott-Wellen-Prinzip: Schlüssel für Gewinne am Markt, FinanzBuch Verlag, 1. Aufl.

Quervain de DJ-F, Fischbacher U, Treyer V, Schellhammer M, Schnyder U, Buck A, Fehr E (2004) The neural basis of altruistic punishment. *Science* 305, 1254-1258

Ramonet I (2006) Atlas der Globalisierung: Die neuen Daten und Fakten zur Lage der Welt, Le Monde diplomatique

Reinganum MR (1981) Misspecification of capital asset pricing: Empirical anomalies based on earning's yields and market values. *Journal of Financial Economics* 9, 19-46

Reinganum MR (1983) The anomalous stock market behavior of small firms in january: Empirical tests for tax-loss selling effects. *Journal of Financial Economics* 12, 89-104

Samuelsen W, Zeckhauser R (1988) Status quo bias in decision making. *Journal of Risk and Uncertainty* 1, 7-59

Sanfey AG, Rilling JK, Aronson JA, Nystrom LE, Cohen JD (2003) The neural basis of economic decision-making in the ultimatum game. *Science* 300, 1755-1758

Schäfermeier B (2007) Die Kunst des erfolgreichen Tradens: So werden Sie zum Master-Trader, FinanzBuch Verlag, 2. Aufl.

Schiereck D, Weber M (1995) Zyklische und antizyklische Handelsstrategien am deutschen Aktienmarkt. *Zeitschrift für betriebswirtschaftliche Forschung* 47, 3-24

Schwager JD (2003) Technische Analyse, FinanzBuch Verlag, 2. Aufl.

Schwert GW (2003) In: Handbooks of the Economics of Finance (eds. Constantinides G, Harris M, Stulz RM) Anomalies and Market Efficiency, 937-972

Seru A, Shumway T, Stoffman N (2010) Learning by trading. *Review of Financial Studies* 23, 705-739

Servan-Schreiber D (2006) Die Neue Medizin der Emotionen, Goldmann Verlag 15353, 1. Aufl.

Shefrin H (2007) Beyond Greed and Fear: Understanding behavioral finance and the psychology of investing, Oxford University Press, 1. Aufl.

Shleifer A (2000) Inefficient Markets: An introduction to behavioral finance, Oxford University Press

Spiwoks M, Bizer K, Hein O (2006) Rationales Herdenverhalten bei US-amerikanischen Rentenmarkt-Analysten – Verhaltensabstimmung durch ein externes Signal. *Sofia-Diskussionsbeiträge zur interdisziplinären Institutionenanalyse* 2006-4

Stevenson I (1999) Reinkarnationsbeweise, Aquamarin Verlag, 1. Aufl.

Szabó Z, Szabó I (2000) Geheimnis der Namen: Runenkombinationen für Namensdeutung und Orakel, Neue Erde Verlag

Thaler RH (1994) The Winner's Curse: Paradoxes and anomalies of economic life, Princeton University Press

Thaler RH (ed) (1993) Advances in Behavioral Finance, Volume I, Russell Sage Foundation

Thaler RH (ed) (2005) Advances in Behavioral Finance, Volume II, Princeton University Press

Tharp VK (2006a) Clever Traden mit System: Erfolgreich an der Börse mit Money-Management und Risikokontrolle, FinanzBuch Verlag, 3. Aufl.

Tharp VK (2006b) Beruf: Trader: Unabhängig traden, selbstständig handeln, FinanzBuch Verlag, 1. Aufl.

Tharp VK (2008) Clever Traden mit System 2.0: Erfolgreich an der Börse mit Money-Management und Risikokontrolle, FinanzBuch Verlag, 1. Aufl.

Tipping CC (2006) Ich vergebe, J. Kamphausen Verlag, 7. Aufl.

Tversky A, Kahneman D (1974) Judgment under uncertainty: Heuristics and biases. *Science* 185, 1124-1131

Tversky A, Kahneman D (1981) The framing of decisions and the psychology of choice. *Science* 211, 453-458

Upperman F (2006) Commitments of Traders: Profitable Insider-Strategien, FinanzBuch Verlag, 1. Aufl.

Wälchli U, Döhnert K, Kunz R (2000a) Diversifikation schont die Nerven. *Credit Suisse Bulletin* 6, 42-43

Wälchli U, Döhnert K, Kunz R (2000b) Diversifikation: Strategie für eine erfolgreiche Kapitalanlage. *Credit Suisse Economic Briefing* 20, 1-17

Wallmeier M (2000) Determinanten erwarteter Renditen am deutschen Aktienmarkt: Eine empirische Untersuchung anhand ausgewählter Kennzahlen. *Zeitschrift für betriebswirtschaftliche Forschung* 52, 27-57

Ward S (2008) Das Herz und die Verbesserung der Trading-Performance. *Trader's Magazin* 1, 62-65

Weber G, Schmidt G, Simon FB (2005) Aufstellungsarbeit revisited ... nach Hellinger?, CARL-AUER Verlag

Weintraub NT (1999) Die Tricks der Floor-Trader: Trading-Techniken von Insidern für Nicht-Floor-Trader, FinanzBuch Verlag, 3. Aufl.

Wilhelmi D, Vaupel M (2007) Unentdeckte Chancen: Rohstoffe und Emerging Markets von morgen, FinanzBuch Verlag

Williams L (2005) Die richtige Aktie zur richtigen Zeit, Börsenmedien Verlag, 2. Aufl.

Wittmann W (2007) Der nächste Crash kommt bestimmt: So sichern Sie sich als Anleger ab, orell füssli Verlag, 2. Aufl.

Wirtschaftslexika (deutsch – deutsch) www.wirtschaftslexikon24.net und (englisch – englisch) www.investopedia.com

10.3 Behavioral Finance: Englisch – Deutsch/Deutsch – Englisch

Englisch	Deutsch
adjustment	Anpassung
ambiguity	Mehrdeutigkeit, Ambiguität
anchoring	Verankerung
anomaly	Anomalie
asset class	Anlageklasse
attribution bias	Attributionsfehler
availability bias	Verfügbarkeitsheuristik
base rate fallacy	Basisraten-Fehler
behavioral (amerik.)	Verhaltens-
behavioral economics	Verhaltensökonomik
behavioral finance	Verhaltensorientierte Finanzwissenschaft
behavioural (brit.)	Verhaltens-
belief	Überzeugung
bias	Voreingenommenheit
bond	Anleihe

Englisch	Deutsch
brain	Gehirn
business news	Wirtschaftsnachrichten
capital market	Kapitalmarkt
cash	Bargeld
certainty effect	Sicherheitseffekt
chart	Diagramm, Abbildung
cognition	Wahrnehmung
cognitive dissonance	kognitive Dissonanz
cognitive psychology	Kognitionspsychologie
commercial trader	Institutioneller Anleger
commitment	Selbstverpflichtung, Bindung
commodity	Wirtschaftsgut, Rohstoff
confirmation bias	Bestätigungsneigung
conjuction fallacy	Verbindungstrugschluss
contrarian strategy	antizyklische Strategie
crash	Börsenkrach, Absturz, Crash
decision	Entscheidung
disposition effect	Dispositionseffekt
diversification	Diversifizierung
economics	Wirtschaftswissenschaft
efficient market hypothesis	Effizienzmarkt-Hypothese
emerging markets	Schwellenländer
emotion	Emotion
endowment effect	Besitztumseffekt
entry	Einstieg
excess volatility	Überschussvolatilität
exit	Ausstieg
fear	Angst
finance	Finanzwirtschaft, -wissenschaft
financial market	Finanzmarkt
framing effect	Einbettungseffekt
fund	Fonds
fundamental data	Fundamentaldaten
gamble	Glücksspiel
gambler	Spieler
gambler's fallacy	Trugschluss des Spielers
game theory	Spieltheorie

Englisch	Deutsch
glamour stock	Glamour-Aktie
greed	Gier
growth stock	Wachstumsaktie
hedge fund	Hedge-Fonds
herding	Herdenverhalten
heuristic	Heuristik
hindsight bias	Rückschau-Fehler
home bias	Home Bias
Homo oeconomicus	ökonomischer Mensch
illusion of control	Kontrollillusion
illusion of knowledge	Wissensillusion
immediately effect	Sofort-Effekt
inefficiency	Unwirtschaftlichkeit
information	Informationen
information psychology	Informationspsychologie
initial public offering	Börsengang
investment strategy	Anlagestrategie
investor	Investor
judgement	Urteil
limited attention	eingeschränkte Aufmerksamkeit
loss aversion	Verlustabneigung
margin	Sicherheitsleistung
mental accounting	geistige Konten
momentum strategy	trendfolgende Strategie
money management	Money-Management
neuroeconomics	Neuroökonomik
neuron	Nervenzelle
neuroscience	Neurowissenschaft
omission bias	Tendenz zur Unterlassung
opportunity costs	Gelegenheitskosten
overconfidence	Selbstüberschätzung
overreaction hypothesis	Überreaktionshypothese
overreaction	Überreaktion
planning fallacy	Fehlplanung
portfolio diversification	Portfoliodiversifikation
pride	Stolz

Englisch	Deutsch
primacy effect	Primäreffekt
probability	Wahrscheinlichkeit
profit	Gewinn
profit target	Gewinnziel
prospect theory	Prospect-Theorie
psychology	Psychologie
random walk hypothesis	Random-Walk-Hypothese
ratio	Verhältnis
recency effect	Rezenzeffekt
reference point effect	Referenzpunkt-Effekt
reflection effect	Reflection-Effekt
regret aversion	Abneigung gegen Bedauern
representativeness	Repräsentativitätsheuristik
retail investor	Privatanleger
return	Rendite
risk	Risiko
risk control	Risikokontrolle
risk aversion	Risikoabneigung
seasonality	Saisonabhängigkeit
self control	Selbstbeherrschung
self-fulfilling prophecy	sich selbst erfüllende Prophezeiung
sentiment	Stimmung
small firm effect	Kleinfirmen-Effekt
small speculator	Kleinanleger
social psychology	Sozialpsychologie
splitting effect	Splitting-Effekt
status quo bias	Widerstand gegen Veränderung
stock	Aktie
stock exchange	Börse
stock market bubble	Spekulationsblase
stock recommendation	Aktienempfehlung
sunk cost effect	Effekt des ausgegebenen Geldes
technical analysis	Technische Analyse
trader	Händler
trading	Handel
trading system	Handelssystem
trend	Trend

Englisch	Deutsch
turn of the year effect	»Turn of the year«-Effekt
uncertainty	Unsicherheit
utility function	Nutzenfunktion
value stock	Wertaktie
wealth management	Vermögensmanagement

Deutsch	Englisch
Aktie	stock
Aktienempfehlung	stock recommendation
Ambiguität	ambiguity
Angst	fear
Anlageklasse	asset class
Anlagestrategie	investment strategy
Anleger, institutioneller	commercial trader
Anleihe	bond
Anomalie	anomaly
Anpassung	adjustment
Attributionsfehler	attribution bias
Aufmerksamkeit, eingeschränkte	limited attention
Ausstieg	exit
Bargeld	cash
Basisraten-Fehler	base rate fallacy
Bedauern, Abneigung gegen	regret aversion
Besitztumseffekt	endowment effect
Bestätigungsneigung	confirmation bias
Börse	stock exchange
Börsengang	initial public offering
Börsenkrach, Crash	crash
Buchführung, gedankliche	mental accounting
Diagramm, Abbildung	chart
Dispositionseffekt	disposition effect
Diversifizierung	diversification
Effekt des ausgegebenen Geldes	sunk cost effect
Effizienzmarkt-Hypothese	efficient market hypothesis
Einbettungseffekt	framing effect

Deutsch	Englisch
Einstieg	entry
Emotion	emotion
Entscheidung	decision
Fehlplanung	planning fallacy
Finanzmarkt	financial market
Finanzwirtschaft, -wissenschaft	finance
Fonds	fund
Fundamentaldaten	fundamental data
Gehirn	brain
Gelegenheitskosten	opportunity costs
Gewinn	profit
Gewinnziel	profit target
Gier	greed
Glamour-Aktie	glamour stock
Glücksspiel	gamble
Handel	trading
Handelssystem	trading system
Händler	trader
Hedge-Fonds	hedge fund
Herdenverhalten	herding
Heuristik	heuristic
Home Bias	home bias
Informationen	information
Informationspsychologie	information psychology
Investor	investor
Kapitalmarkt	capital market
Kleinanleger	small speculator
Kleinfirmen-Effekt	small firm effect
Kognitionspsychologie	cognitive psychology
kognitive Dissonanz	cognitive dissonance
Konten, geistige	mental accounting
Kontrollillusion	illusion of control
Mehrdeutigkeit	ambiguity
Mensch, ökonomischer	Homo oeconomicus
Money-Management	money management
Nervenzelle	neuron

Deutsch	Englisch
Neuroökonomik	neuroeconomics
Neurowissenschaft	neuroscience
Nutzenfunktion	utility function
Portfoliodiversifikation	portfolio diversification
Primäreffekt	primacy effect
Privatanleger	retail investor
Prophezeiung, sich selbst erfüllende	self-fulfilling prophecy
Prospect-Theorie	prospect theory
Psychologie	psychology
Random-Walk-Hypothese	random walk hypothesis
Referenzpunkt-Effekt	reference point effect
Reflection-Effekt	reflection effect
Rendite	return
Repräsentativitätsheuristik	representativeness
Rezenzeffekt	recency effect
Risiko	risk
Risikoabneigung	risk aversion
Risikokontrolle	risk control
Rückschau-Fehler	hindsight bias
Saisonabhängigkeit	seasonality
Schwellenländer	emerging markets
Selbstbeherrschung	self control
Selbstüberschätzung	overconfidence
Selbstverpflichtung	commitment
Sicherheitseffekt	certainty effect
Sicherheitsleistung	margin
Sofort-Effekt	immediately effect
Sozialpsychologie	social psychology
Spekulationsblase	stock market bubble
Spieler	gambler
Spielers Trugschluss	gambler's fallacy
Spieltheorie	game theory
Splitting-Effekt	splitting effect
Stimmung	sentiment
Stolz	pride
Strategie, antizyklische	contrarian strategy

Deutsch	Englisch
Strategie, trendfolgend	momentum strategy
Technische Analyse	technical analysis
Trend	trend
»Turn of the year«-Effekt	turn of the year effect
Überreaktion	overreaction
Überreaktionshypothese	overreaction hypothesis
Überschussvolatilität	excess volatility
Überzeugung	belief
Unsicherheit	uncertainty
Unterlassung, Tendenz zur	omission bias
Unwirtschaftlichkeit	inefficiency
Urteil	judgement
Verankerung	anchoring
Verbindungstrugschluss	conjuction fallacy
Verfügbarkeitsheuristik	availability bias
Verhaltens-	behavioral (amerik.)
Verhaltens-	behavioural (brit.)
Verhaltensökonomik	behavioral economics
Verhaltensorientierte Finanzwissen-schaft	behavioral finance
Verhältnis	ratio
Verlustabneigung	loss aversion
Vermögensmanagement	wealth management
Voreingenommenheit	bias
Wachstumsaktie	growth stock
Wahrnehmung	cognition
Wahrscheinlichkeit	probability
Wertaktie	value stock
Widerstand gegen Veränderung	status quo bias
Wirtschaftsgut, Rohstoff	commodity
Wirtschaftsnachrichten	business news
Wirtschaftswissenschaft	economics
Wissensillusion	illusion of knowledge

10.4 Stichworte

11 Über den Autor

Dr. Raimund Schriek, geb. 1968, Chemiker, Diplomarbeit über Krebsforschung am Biochemischen Institut in Kiel, Doktorarbeit über Stressforschung in der Meeresbotanik der Universität Bremen. Er arbeitete anschließend in Forschung und Lehre am Anatomischen Institut Tübingen, darüber hinaus mehrere Jahre im Wissenschaftsmanagement und als Geschäftsführer des Netzwerks Molekulare Ernährungsforschung der Universität Stuttgart-Hohenheim. Raimund Schriek beschäftigt sich seit vielen Jahren mit den Themen Finanzpsychologie, Geldanlage und Trading. Seine Spezialgebiete sind analytische Lösungsstrategien, Weiterentwicklung numerologischer Systeme unter Berücksichtigung rhythmischer Zusammenhänge, differenzierte Wahrnehmung und klare, lösungsorientierte Kommunikation. Raimund Schriek arbeitet als Berater für Firmen, Trader und Anleger. Der erfahrene Numerologe ist überzeugt, dass ganzheitliche Persönlichkeitsentwicklung Grundlage langfristiger Erfolge ist. Das Auflösen von Mustern, das Erkennen von Lernaufgaben in Namen und Geburtszahlen und vor allem die Wirkung von Energiefeldern spielen dabei eine große Rolle.

Kontakt

Dr. Raimund Schriek
Kremmlerstr. 50, 70597 Stuttgart-Sonnenberg
Telefon: 0711-6337166
E-Mail: rschriek@freenet.de
www.finanz-psychologie.com

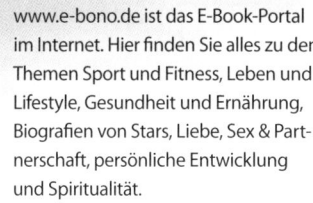